Tarik Rose &
Ernährungs-Doc Dr. Matthias Riedl

ISS BESSER!
LOW CARB

INHALT

DIE REZEPTE

ANHANG

Die Icons bei den Rezepten

Eiweißreich: mind. 20 g Eiweiß pro Portion

Ballaststoffreich: mind. 10 g Ballaststoffe pro Portion

Vitaminreich: mit besonders vielen Vitaminen

Gesunde Fette: mit wertvollen Fettsäuren

Vegan: ohne tierische Produkte

Vegetarisch: ohne Fleisch und Fisch

Extra-Low-Carb: max. 20 % der Kalorien aus Kohlenhydraten

ISS BESSER!

WARUM LOW CARB ÜBERZEUGT

Wer wäre besser dazu geeignet, einem Ernährungskonzept Leben und Genuss einzuhauchen, als ein Team aus Koch und Ernährungsmediziner? Was der eine an Fachwissen mitbringt, ergänzt der andere durch Kochkompetenz. Das Ergebnis: Low Carb, und zwar von der leckersten Sorte!

Liebe Leserinnen und Leser,

entstanden in einer Zeit, in der eine Pandemie vielen Menschen den Wert ihrer Gesundheit besonders bewusst macht, hat unsere Sendung „Iss besser!" längst einen festen Platz in den Zuschauerherzen erobert. Der Erfolg beweist, wie viele Menschen ihrem gesundheitlichen Wohlbefinden einen höheren Stellenwert einräumen wollen, ohne auf Genuss verzichten zu müssen. Dass wir unseren Teil dazu beitragen können – zum einen mit unserer Sendung und nun mit Buch Nummer zwei –, freut uns besonders.

Wir wollen mit Ihnen unser Herzensanliegen teilen, dass Gesundheit nicht zum Preis von Genussverzicht gehen muss. Und wir setzen noch eins drauf: Um wirklich gesund bleiben und werden zu können, muss Essen schmecken! In unserer Sendung zeigen wir genau das: Der Profikoch am Herd, der gute Lebensmittel in den Topf wandern lässt, wird begleitet von den kompetenten Kommentaren des Ernährungsmediziners zum gesundheitlichen Wert dieser Zutaten. Eine gehörige Prise Lockerheit darf dabei nie fehlen. So macht uns Wissensvermittlung Spaß – und Ihnen hoffentlich auch.

Mit diesem Buch nehmen wir uns einer Ernährungsform an, die uns beide voll und ganz überzeugt: Low Carb gibt es in vielen Versionen. Unsere Low-Carb-Variante von „Iss besser!" in diesem Buch setzt auf einen gezielten Einsatz von Gemüse, Pilzen, Nüssen und Co. Die kohlenhydratarme Ernährungsweise hat sich in unzähligen Studien und tausendfach in der Praxis bewährt. Es lohnt sich, Nudeln, Brot, Reis, Kartoffeln und Süßem weniger Platz auf dem Teller einzuräumen. Gerade was ein gesundes Körpergewicht betrifft, ist diese Ernährung nahezu unschlagbar und als Diät doppelt so erfolgreich wie die Fettreduktion. Aber auch sonst profitiert die Gesundheit sehr davon.

Aber geht Low Carb, ohne dass etwas fehlt? Ja, genau das wollen wir in diesem Buch beweisen: Es geht nicht ums bloße Weglassen kohlenhydratreicher Lebensmittel, sondern ums geschickte Ersetzen. Es geht darum, neue Genüsse kennenzulernen, ohne sich von den alten in aller Gänze verabschieden zu müssen. Es geht darum, eine neue Alltagsküche kennenzulernen, die raffiniert, aber nicht kompliziert ist und immer auch lecker und gesund. Mit vielen Infos und Tipps zum Thema runden wir die Rezeptauswahl ab. Lassen Sie sich von über 70 Low-Carb-Gerichten zu einer kreativen Art des Kochens inspirieren. Wir wünschen Ihnen viel Spaß dabei und einen gesunden Appetit!

Herzlich,

WAS GENAU IST EIGENTLICH LOW CARB?

„Low Carb" bedeutet „wenig Kohlenhydrate" („Carb" als Kurzform für carbohydrates, englisch Kohlenhydrate). Bei Low Carb geht es genauer gesagt um eine Ernährung mit möglichst wenig Kohlenhydraten.

Der Gesundheitsbonus durch eine geringere Kohlenhydratzufuhr wird mehr und mehr (an)erkannt. Den meisten ist heute bewusst, dass durch zu viel Zucker weitaus mehr als schlechte Zähne drohen. Und trotzdem besteht unsere Nahrung noch immer aus jeder Menge Kohlenhydraten, allen voran Zucker. Das tut uns nicht gut, unserem Körpergewicht nicht und unserem Stoffwechsel ebenfalls nicht.

ERST LOW FAT, DANN LOW CARB

Was das Körpergewicht, aber auch etliche gesundheitliche Probleme betrifft, standen Kohlenhydrate lange eher im Schatten. Stattdessen wurde nach dem eingängigen und scheinbar auch einleuchtenden Motto „Fett macht fett" gelebt und gelitten. Alles aus der Befürchtung, zuzunehmen und womöglich sogar die Gesundheit zu gefährden. Später hieß es, „Fett (sei) nicht gleich Fett" – dass also bestimmte Fette gesund und sogar lebenswichtig sind. Und noch später setzte sich die Erkenntnis durch, dass es eigentlich eher die Kohlenhydrate sind, die dick und sogar krank machen. Deshalb wird eine gesunde, ausgewogene Low-Carb-Ernährung, die reich an Gemüse, Pilzen, Nüssen, Samen und pflanzlichen Ölen ist, immer bessere Erfolge erzielen als eine reine Fettreduktion.

Apropos Fett: Der bereits zitierte Spruch „Fett ist nicht gleich Fett" lässt sich auch auf das Low-Carb-Prinzip übertragen, denn genauso ist „Low Carb nicht gleich Low Carb". Klar, es sind auch ein paar grundsätzliche Gemeinsamkeiten vorhanden – wie natürlich der geringe Kohlenhydratgehalt in der Ernährung. Aber geht es nur um wenig Kohlenhydrate oder spielen auch noch andere Faktoren eine Rolle? Ja, tun sie. Schauen wir uns das genauer an.

VON MODERAT BIS STRIKT

Wie so oft im Leben, kommt es immer darauf an. Es gilt: je strikter die Einschränkung bei den Kohlenhydraten, desto deutlicher auch die Wirkung. Von Low-Carb-Ernährung zu sprechen ist bereits berechtigt, wenn man sich lediglich bei den echten Kohlenhydrat-Dickschiffen zügelt – also weniger Brot und Backwaren, Nudeln und andere Teigwaren, Reis oder Kartoffeln isst. Ein Abendbrot mit einem Gemüsesalat oder einer leckeren Suppe ist Low Carb, ein Kanten Brot dazu geht dann immer noch. Zum Frühstück statt der frischen Brötchen ein Müsli mit Nüssen und Beeren als Basis. Mittags viel Gemüse, etwas Fleisch oder Fisch, jedoch Kohlenhydratreiches wie Reis, Kartoffeln, Nudeln nur als Sidekick. Diese sanfte, moderate Version hat schon erste positive Auswirkungen auf die Gesundheit und das Körpergewicht.

Die ganz Abgebrühten versuchen es dagegen mit der Hardcore-Variante: Wird alles, was Kohlenhydrate enthält, kompromisslos gemieden, stellt sich der Stoffwechsel auf einen sogenannten ketogenen Stoffwechsel um – eine radikale Methode für eine ebenso radikale Gewichtsabnahme.

GLYX UND LOGI

Beide Konzepte verfolgen moderates Low Carb in Reinform. Bei der Glyx-Diät betrachtet man den glykämischen Index (kurz GI oder Glyx) der Lebensmittel, der besagt, wie schnell die Kohlenhydrate eines Lebensmittels ins Blut übergehen und somit die Insulinausschüttung beeinflussen. Vergleichswert ist jeweils der Blutzuckeranstieg nach einer Aufnahme von 50 g Glukose, der mit 100 Prozent gesetzt ist. Der Glyx kohlenhydrathaltiger Lebensmittel mit schnellem und/oder hohem Blutzuckeranstieg ist hoch. Nicht allein der Gehalt an Kohlenhydraten ist also relevant, sondern vor allem ihre Auswirkung auf den Blutzuckeranstieg.

Die Methode hat allerdings einen kleinen Haken, denn nach dem Glyx können auch solche Lebensmittel schlecht abschneiden, deren Kohlenhydrate zwar schnell ins Blut gehen, die aber einen so geringen Gehalt haben, dass dieser bei normalen Verzehrmengen kaum ins Gewicht fällt. Deshalb wurde die glykämische Last entwickelt (kurz GL). Sie berechnet sich aus dem Produkt des Glyx und der Kohlenhydratmenge (in g) pro Portion. Zum Beispiel berücksichtigt die LOGI-Methode über die GL auch die verzehrte Menge und ist damit realitätsnäher.

WENIGER EMPFEHLENSWERT

Durch geschicktes Marketing sehr populär gemachte Diäten wie Paleo (Essen wie in der Steinzeit) oder „Schlank im Schlaf“ (Kohlenhydrate nur morgens) versprechen wahre Wunder. So leicht umsetzbar deren Philosophien klingen, so wissenschaftlich fragwürdig sind allerdings einige der Diätvorgaben. Beide Ansätze sind nicht empfehlenswert.

LOW CARB HIGH FAT UND KETO

Weniger Kohlenhydrate, das bedeutet auch weniger Kalorien. In gewissen Grenzen ist das förderlich fürs Abnehmen und ein gesundes Körpergewicht, aber satt werden wollen trotzdem alle. Die fehlenden Kalorien über gesunde Fette auszugleichen ist daher das Prinzip bei Low Carb High Fat. Macht satt und mit viel Fett schmeckt es auch besser. Wie erwähnt stellt sich bei einer sehr geringen Kohlenhydratzufuhr der Stoffwechsel um, die Fette werden zu sogenannten Ketonen abgebaut, einem effektiven Brennstoffersatz für den Körper. Darauf beruht beispielsweise die Atkins-Diät.

LOW CARB HIGH PROTEIN

In jüngster Zeit setzte sich noch das Prinzip durch, den fehlenden Kalorien-Input aus Kohlenhydraten über Eiweiß auszugleichen. Proteine sättigen gut und anhaltend, sind ein effektives Muskelfutter, sorgen also (immer in Kombination mit Bewegung!) für einen ordentlichen Muskelaufbau. Da Muskeln Kalorien verbrauchen, ist ein Körper mit gut ausgebildeten Muskeln ebenfalls ein guter Weg zur Gewichtsabnahme. Aber Achtung: Zu viel Eiweiß – besonders tierisches – kann Übergewicht, Diabetes Typ 2 und andere Zivilisationskrankheiten fördern!

ARTGERECHT IST TRUMPF

Was aber ist dann artgerechte Ernährung? Es ist eine Ernährung, die an unsere Gene angepasst ist, die unser Körper versteht. Sie ist ballaststoffreich, beinhaltet Kohlenhydrate mit einem niedrigen glykämischen Index, enthält zahlreiche sekundäre Pflanzenstoffe, ist zu 80 Prozent pflanzlich, enthält kaum rotes und eher weißes Fleisch, dafür aber hochwertiges pflanzliches Protein, Nüsse, Gewürze und Kräuter. Sie ist damit ausgewogen, bunt und abwechslungsreich – und bietet neben Gesundheit auch viel Genuss.

LOW CARB AUF DEM TELLER

Wenig Kohlenhydrate essen? Das ist leichter gesagt als getan. Der erste Schritt kann darin bestehen, sich einen Überblick über die Kohlenhydratgehalte der einzelnen Lebensmittelgruppen zu verschaffen. Die Lebensmittelpyramide zeigt, wo's langgeht.

1. GERNE UND OFT: GEMÜSE, PILZE, OBST, NÜSSE UND GESUNDE FETTE

Die Basis bilden Gemüse, Pilze und Nüsse – 400 bis 500 g Gemüse pro Tag wären ideal. Dazu zuckerarmes Obst und gesunde Fette, von all dem kann nicht zu viel auf die Teller kommen. Ausnahmen von der Regel muss es geben: So sollten stärkereiche Gemüsesorten bei striktem Low Carb seltener und in geringeren Mengen gegessen werden, denn Stärke gehört zu den Kohlenhydraten.

- Manchem **Gemüse** schmeckt man den Zucker schon an, wie Erbsen, Möhren, Pastinaken oder Kürbis, andere tragen das Süße bereits im Namen wie Zuckermais oder Süßkartoffeln. Stärkearm oder -frei und damit perfekt sind Tomaten, Gurken, Salate, Auberginen, alle Kohlsorten, Spargel, Zwiebeln, Fenchel, Spinat, Mangold, Zucchini, Paprika.

- Auch beim **Obst** gibt es Ausnahmen, denn es enthält immer (Frucht-)Zucker – die Mengen unterscheiden sich stark und bestimmen, was noch gut ins Konzept passt. Alle Beeren, wie Brombeeren, Heidelbeeren, Himbeeren, Erdbeeren und Johannisbeeren, schneiden mit besonders geringen Gehalten am besten ab, Zitrusfrüchte ebenfalls. Besonders süße Früchte wie Exoten, Trauben, Melonen etc. enthalten viel Zucker. Diese sollte man daher am besten selten essen. Insgesamt sind etwa 150 g täglich empfehlenswert.

- Dazu kommen noch **gute Öle** mit wertvollen ungesättigten Fettsäuren, wie Olivenöl, Rapsöl, Leinöl, Walnussöl. Hieran muss nicht gespart werden.

Gemüse, Pilze, Salat und Obst haben noch einen weiteren Vorteil: ihre geringe Energiedichte. Bezogen auf ihr Volumen ist der Gehalt an Makronährstoffen niedrig, dafür ist ihr Gewichtsanteil an Wasser und Ballaststoffen hoch. Das große Volumen sorgt für eine Dehnung der Magenwände, was das hormonelle Signal auslöst: Ich bin satt.

2. MILCHPRODUKTE, EIER, MAGERES FLEISCH, FISCH, NÜSSE, HÜLSENFRÜCHTE

Tierische Produkte wie Fisch, Meeresfrüchte, **Fleisch und Eier** haben kaum Kohlenhydrate. Diese Lebensmittel sind vor allem wegen ihres Eiweißgehalts oder/und ihrer hochwertigen Fettsäuren auf der nächsten Pyramidenstufe zu finden. Sie sollten nicht so oft wie Gemüse, Obst und Fette, aber doch regelmäßig auf den Teller kommen (Fleisch 150–200 g pro Woche, Fisch max. 500 g pro Monat).

- Bei **Fisch** sind es vor allem die fettreichen Meeresfische wie Makrele, Hering oder Lachs, die mit ihren gesunden Omega-3- und Omega-6-Fettsäuren zu einer gesunden Ernährung beitragen.

- In **Milch sowie Milchprodukten** kommt Zucker als Laktose (siehe Seiten 10/11) in erwähnenswerten Mengen vor. Bei gesäuerten Milchprodukten wie Joghurt, saurer Sahne oder Quark ist die Laktose schon (teilweise) zu Milchsäure abgebaut, was sie kohlenhydratärmer macht.

- **Hülsenfrüchte** weisen nicht unerhebliche Kohlenhydratgehalte auf, weshalb sie nicht am Fuß der Pyramide Platz gefunden haben. Durch ihren hohen Ballaststoff- und Eiweißgehalt ist die Aufnahme ins Blut und damit die Wirkung auf den Blutzucker aber gebremst. Deshalb dürfen sie ab und zu auf den Speiseplan.

3. HIN UND WIEDER OKAY: VOLLKORN, KARTOFFELN, NUDELN, REIS

Hierbei handelt es sich durch die Bank um kohlenhydratreiche Lebensmittel. Dennoch gehören Lebensmittel wie Vollkornprodukte allgemein, Nudeln, Reis und Kartoffeln noch nicht zu denen, die vollständig aus der Küche und vom Tisch verbannt werden müssen. Aber wir sollten davon nicht zu viel essen.

- Wenn Teigwaren oder Reis, dann möglichst **Vollkorn**. Wie bei den **Hülsenfrüchten** sorgen dann Ballaststoffe für eine gebremste Kohlenhydrataufnahme.
- In diese Kategorie lassen sich Gemüse- und Obstsorten einsortieren, die viel Stärke beziehungsweise Kohlenhydrate enthalten wie Kürbis oder Süßkartoffeln.

4. BESSER NICHT: PRODUKTE AUS WEISSMEHL, SÜSSES, FERTIGPRODUKTE

Wir haben uns bis an die Spitze der Pyramide hochgearbeitet. Zur Belohnung jetzt was Süßes? Eine Cola? Leckere Cookies? Was sich hier tummelt, mögen wir vielleicht ganz besonders, aber Sie sollten es im Idealfall nie oder nur sehr selten konsumieren.

- **Weißmehlprodukte** sind Kohlenhydrate pur mit allerdings winzigem Nährwert. Heißt: Ihre Kohlenhydrate gehen ungebremst ins Blut und bringen kaum den minimalen Vorteil anderer guter Nährwerte mit. Als da wären Weißbrot und -brötchen, Honig, Schokolade, Kuchen und mehr. Ebenso Vorsicht mit verarbeiteten Fertigprodukten, sie sind oft gesüßt.
- Gerne vergisst man die **Getränke,** dabei können Limonaden, Säfte, Cola und Co. echte Zuckerbomben sein. Also, hiervon Finger weg. Auch stark verarbeitete Fertiggerichte fallen in diese Kategorie, weil selbst deftige Zubereitungen in den vielen Fällen mit Zucker versetzt sind.

KOHLENHYDRATE UNTER DER LUPE

Kohlenhydrate sind nicht gleich Kohlenhydrate. Sie unterscheiden sich je nach biochemischem Aufbau in der Wirkung für unseren Stoffwechsel. Hier ein Überblick über die süße und weniger süße Welt der Kohlenhydrate.

Fett, Eiweiß, Kohlenhydrate: Diese drei Player sind unsere Hauptnährstoffe, auch Makronährstoffe genannt. Sie liefern unter anderem den Treibstoff für das Funktionieren unseres Stoffwechsels. Ohne sie läuft nichts, wir brauchen sie alle drei. Enthalten sind sie in allen natürlichen Lebensmitteln – allerdings in äußerst unterschiedlichen Mengen. Fette sind zum einen wichtige Bausteine für Nerven und Gehirn und Bestandteil vieler Hormone und Enzyme, wegen ihrer guten Speicherfähigkeit aber auch entscheidend für die Vorratshaltung des Körpers. Eiweiße dienen ebenfalls als wichtige Bausteine für Muskeln, Organe, Hormone oder Enzyme. Dem gegenüber haben Kohlenhydrate (fast) nur einen Zweck: schnelle, sofort verfügbare Energie bereitzustellen.

WER HAT DIE MEISTEN?

Relevante Kohlenhydratmengen befinden sich vor allem in pflanzlichen Lebensmitteln, während die meisten tierischen sehr arm oder nahezu frei davon sind. Die simple Erklärung: Kohlenhydrate, genauer gesagt Glukose-Bausteine, werden in pflanzlichen Zellen durch Fotosynthese aus Wasser, Kohlendioxid und dem Einfluss von Sonnenlicht gebildet, wozu tierische Lebewesen bekanntlich nicht in der Lage sind. Und wie geraten sie dann zum Beispiel in die Milch, die eindeutig ein tierisches Lebensmittel ist? Auch logisch: Weil Kühe den lieben langen Tag Grünzeug fressen, gelangt der Zucker auf direktem Weg in die Kuh und so auch in die Milch. In Form von Milchzucker (Laktose) liefert die Milch dem Kälbchen Energie für Wachstum und Entwicklung. So wie die Muttermilch aller Säugetiere Energie die für den jeweiligen Nachwuchs bereitstellt.

WIE ZUCKER AUFGEBAUT IST

Zucker beziehungsweise Kohlenhydrate liefern vor allem eines: reine Energie. Das heißt auch: Wenn wir dem Körper mehr Energie zuführen, als er braucht, muss er damit irgendwohin. Er speichert sie, und zwar hauptsächlich in Form von Fett. Werfen wir also einen genaueren Blick auf den Aufbau des Zuckers, denn es gibt durchaus Unterschiede, die relevant sind. Kohlenhydrate bestehen aus Zuckerbausteinen und geben sich durch die Wortendung „-ose" zu erkennen: Glukose, Fruktose und Galaktose sind die wichtigsten im Stoffwechsel. Sie kommen als einzelne Moleküle vor – aus diesen drei setzen sich aber auch alle weiteren für uns wichtigen Kohlenhydrate zusammen. Je nach Anzahl der einzelnen Zuckermoleküle unterscheidet man drei Gruppen: Einfach-, Zweifach- und Mehrfachzucker.

EINFACHZUCKER

Das sind die schon erwähnten Bausteine Glukose, landläufig auch Traubenzucker genannt, Fruktose, auch als Fruchtzucker bekannt, weil er meist in Früchten vorkommt, und Galaktose mit dem zu Recht wenig genutzten Trivialnamen Schleimzucker. Als Monosaccharid, also nicht an andere Kohlenhydratbausteine gebunden, findet sich Glukose in vielen Früchten, in Honig, Ahornsirup und anderen natürlichen Süßungsmitteln. Traubenzucker oder Dextrose, wie er – als Pulver oder gepresst – in Apotheken und Reformhäusern verkauft wird, ist hundertprozentige Glukose. Auch Fruktose ist in vielen Früchten enthalten, ebenfalls in Agaven- und Ahornsirup sowie in Honig. Dagegen kommt Galaktose nicht als einzelnes, ungebundenes Molekül vor, sondern nur zusammen mit Glukose als Laktose (siehe unten).

ZWEIFACHZUCKER

Jetzt sind wir bei dem Zucker, den wir in der Regel meinen: Saccharose, auch Haushaltszucker genannt. Sie setzt sich aus je einem Baustein Glukose und Fruktose zusammen. Neben Saccharose gehören Laktose (aus je einem Baustein Galaktose und Glukose) und Maltose oder Malzzucker (aus zwei Glukose-Bausteinen) zu den sogenannten Disacchariden. Disaccharide schmecken mehr oder weniger süß. Saccharose ist Bestandteil aller Süßigkeiten (sofern sie nicht mit Zuckeraustausch- oder Ersatzstoffen gesüßt sind). Sie befindet sich auch natürlicherweise in Lebensmitteln, die süß schmecken. Besonders hoch ist ihr Gehalt in Zuckerrüben und Zuckerrohr, aus denen dieser Zucker dann auch gewonnen wird.

Laktose besitzt nur etwa ein Drittel der Süßkraft von Saccharose und befindet sich in Milch und nicht gesäuerten Milchprodukten. In gesäuerten Milchprodukten wie Joghurt, saurer Sahne, Schmand etc. wurde die Laktose teilweise schon zu Milchsäure abgebaut, ebenso in Käse. Auch hier wird Laktose nach und nach umgewandelt, sodass Frischkäse noch recht viel Laktose enthält, Hartkäse dagegen nahezu laktosefrei ist. Gut zu wissen, vor allem für Menschen mit Laktoseunverträglichkeit. Maltose entsteht beim Keimen beziehungsweise Mälzen von Getreide (Malz) und findet sich sowohl im Bier als auch in Produkten mit gekeimten Getreiden.

MEHRFACHZUCKER

Bei ihnen sind mehrere bis sehr viele Zuckerbausteine verbunden. Stärke ist in dieser Gruppe der wichtigste Vertreter: Bestehend aus langen Glukoseketten, lockt sie überhaupt nicht mehr mit süßem Geschmack. Große Mengen Stärke befinden sich in vielen Grundlebensmitteln, sie bildet den Hauptbestandteil von Kartoffeln und Getreide – und damit auch von Produkten wie Brot und Pasta. Weil die langen Ketten nur nach und nach abgebaut werden, hat Stärke gegenüber Mono- und Disacchariden einen entscheidenden Vorteil auf den Blutzucker und damit letztlich auf unsere Gesundheit.

Auch Ballaststoffe sind solche Polysaccharide, aber durch unser Verdauungssystem nicht abbaubar, weshalb man sie lange Zeit unter dem Begriff Ballaststoffe ablegte. Der Begriff ist geblieben, ihr Ruf hat sich allerdings stark gebessert. Heute kennt man ihre positiven Effekte auf die Verdauung und weiß, dass sie teilweise verdaut werden. Wenn auch nicht von unserem Darm selbst, sondern von darin lebenden nützlichen Bakterien. Und: Zellulose sei der Vollständigkeit halber auch genannt, da sie ebenfalls aus Glukoseketten besteht. Deren Verknüpfungen sind allerdings so beschaffen, dass der menschliche Verdauungstrakt sie nicht zu knacken vermag. Zellulose ist also nicht verwertbar von uns und daher nicht relevant.

DIE RICHTIGE CARB-WAHL

Wir wissen nun, welche Arten von Kohlenhydraten es gibt. Aber wie geht's jetzt weiter? Nach dem Essen startet der lange Weg der Kohlenhydrate durch unseren Organismus – wie der im Einzelnen aussieht und warum viel einfach zu viel ist.

Das Besondere an Kohlenhydraten ist nicht nur, dass sie reine Energie liefern, sondern auch, dass diese blitzschnell zur Verfügung stehen kann. So gibt es vermeintlich nichts Besseres als Zucker, wenn Konzentration, Energie und Kraft in den Keller sacken – es gelüstet uns dann vor allem nach Süßem. Physiologisch ist das nachvollziehbar. Der Körper braucht jetzt seinen Stoff – zum Laufen, zum Denken, zum Aufreißen der Schokoladenverpackung. Und zwar sofort! Nur Kohlenhydrate können das. Fett und in geringem Maße Eiweiß liefern zwar auch Energie, aber es würde viel zu langsam gehen, bis diese zur Verfügung stände. Allerdings führen Kohlenhydrate aus Zucker und andere hochraffinierten Kohlenhydraten nach dem schnellen Gipfel wieder zum raschen Abfall. Das verursacht schlechte Stimmung und erneut Zuckergelüste. Die schnellen Kohlenhydrate sind eben alles andere als gut für uns.

DIE KOHLENHYDRATVERDAUUNG

Sie beginnt schon im Mund während des Essens, das spart Zeit. Längerkettige Kohlenhydrate werden hier bereits teilweise in einzelne Bausteine zerlegt. Man muss nur einmal lange genug auf einem Stückchen Brot herumkauen, um festzustellen, dass das deftige Brot langsam beginnt süß zu schmecken. Einige der freigesetzten Zuckermoleküle können so den Verdauungsvorgang umgehen und es steht Erste-Hilfe-mäßig ein Quäntchen Energie zur Verfügung. Den Magen durchwandern die Saccharide unbeschadet, um dann im Darm weiter aufgespalten und zu einzelnen Glukosemolekülen abgebaut zu werden. Nur in dieser Form können sie durch die Darmwand ins Blut übergehen, um als Nächstes in die Zellen zu gelangen. Damit der (jetzt Blutzucker genannte) Zucker zu Energie umgewandelt werden kann, braucht er aber einen Türöffner: das Insulin. Das Hormon der Bauchspeicheldrüse öffnet die Zellen für die Glukose immer, wenn es das Signal erhält, dass zu viel Zucker im Blut kreist.

DIE LANGSAMEN UND DIE SCHNELLEN

Insulin reagiert sofort und genau in dem Maß, in dem es auch gebraucht wird, auf den ansteigenden Blutzuckerspiegel. Steigt dieser sehr schnell und die Menge des einschießenden Blutzuckers ist zudem noch groß, muss auch sehr schnell sehr viel Insulin zur Verfügung stehen. Das ist bei kurzkettigen oder gar frei vorliegenden Zuckermolekülen der Fall, die ratzfatz im Blut sind und es dann mit geballter Macht überschwemmen. Durch das ständige Auf und Ab häufiger und größerer Mengen kurzkettiger und freier Zuckermoleküle werden Insulin immer wieder Höchstleistungen abgefordert, das System ermüdet auf Dauer. Zuerst kann es noch mit einem erhöhten Insulinausstoß darauf antworten. Die erhöhte Insulinproduktion hält das System so lange am Laufen, bis die überlasteten Zellen der Bauchspeicheldrüse schlapp machen und nicht mehr genug Insulin für den hohen Bedarf bereit-

stellen können. Es kommt zur Insulinresistenz. Langkettige Zucker wie Stärke sind vergleichsweise im Schneckentempo unterwegs, entlassen die Moleküle nach und nach ins Blut und sorgen damit für eine langsame und moderate Erhöhung des Blutzuckerspiegels. Auf Dauer ist das besser für das Insulin, das ohne Hast seine Arbeit verrichten kann.

KOHLENHYDRATBREMSER

Es kommt also darauf an, das Insulin möglichst zu schonen, damit es später nicht seinen Dienst quittiert. Das wäre fatal, es droht Diabetes. Mit langkettigen Kohlenhydraten befinden wir uns auf dem richtigen Weg – dabei unterstützen uns noch hilfreiche Bremser, die die Glukoseaufnahme im Blut weiter verlangsamen: An erster Stelle sind das die Ballaststoffe, aber auch Fette und sogar Eiweiße sorgen dafür, dass Glukose langsamer ins Blut aufgenommen wird. Deshalb sind Vollkornprodukte immer erste Wahl, auch fette (natürlich nur mit gesunden Fettsäuren!) und proteinreiche Speisen haben hier einen bremsenden Effekt.

WARUM KOHLENHYDRATE REDUZIEREN?

Warum eigentlich Low Carb, wenn langsame Kohlenhydrate wie Stärke doch ganz okay sind? Ist dann nicht alles gut, wenn man nur die „guten", also die langsamen Kohlenhydrate isst, noch dazu in der Vollkornvariante? Ja, das wäre so, wenn wir alle nicht doch viel zu viele schnelle Kohlenhydrate essen würden. Deshalb gilt: Sparen, wo es geht! Müsli, Brötchen, Pommes, Pasta, Süßkram, dazu Cola, Eistee und Energydrinks – so viel Energie, wie wir unserem Körper liefern, braucht er nie und nimmer. Für diesen Fall hat unser Organismus eine fast geniale Zwischenlagermöglichkeit geschaffen: das Fettgewebe. Gewisse Kohlenhydratmengen werden zwar auch in Leber und Muskulatur (als Glykogen) gespeichert, deren Kapazitäten sind allerdings begrenzt. Der Rest wird in Fett umgebaut und im Fettgewebe für schlechte Zeiten aufbewahrt – die in unserer Überflussgesellschaft allerdings nicht kommen. Und dieses Speicherfett wiederum beeinflusst die Funktion des Insulinsystems extrem negativ, was eine Insulinresistenz begünstigt.

GUTE GRÜNDE FÜR LOW CARB

Wer jetzt noch nicht von den vielen Vorteilen einer kohlenhydratreduzierten Ernährung überzeugt ist, findet hier die wichtigsten Argumente im Überblick. Low Carb tut unserem Stoffwechsel nämlich in mehrfacher Hinsicht gut.

DER BLUTZUCKER BLEIBT STABIL

Blutzuckerachterbahn stopp! Bei der Ernährung nach Low Carb werden Blutzuckerspitzen vermieden, der Insulin-Output nach einer Mahlzeit ist damit moderat und das System bleibt intakt. Sowohl die Ausschüttung von Insulin als auch die Empfindlichkeit der Zellen auf Insulin funktionieren einwandfrei. Dagegen schadet ein ewiges Auf und Ab des Blutzuckers durch eine hohe und häufige Zuckerzufuhr dem Organismus. Wenn von Insulin immer wieder Hochleistungen abverlangt werden, kann es längerfristig zu einer Insulinresistenz und zu Diabetes kommen.

DER FETTABBAU WIRD ANGEREGT

Ran an die Fettreserven! Werden dem Organismus weniger Kohlenhydrate und damit weniger Energie zur Verfügung gestellt, als er für alle energieverbrauchenden Aktionen benötigt, muss er die Reserven anzapfen. So verschwinden Fettpölsterchen nach und nach auf Nimmerwiedersehen. Solange der Körper aber mit Kohlenhydraten, also Zucker, (zu gut) versorgt wird, steht ihm stets schnell abrufbare Energie zur Verfügung.

DIE ENERGIEZUFUHR IST KONSTANT

Energie nonstop! Wer wenig Kohlenhydrate isst, muss seinen Energieverbrauch durch andere Energieträger decken – Fett und Eiweiß. Vor allem Fett (und dabei speziell die ungesättigten Fettsäuren) ist ein idealer Energielieferant. Fett versorgt uns viel nachhaltiger, als es Kohlenhydrate vermögen. Zwar ist die von ihm bereitgestellte Energie nicht so schnell zur Stelle, wie es bei Kohlenhydraten der Fall ist – dafür liefert es dem Organismus konstant Energie auch bei längeren Esspausen und es kommt nicht zu einem plötzlichem Energieabfall. Übrigens ist diese Konstanz besonders für Menschen mit Migräne gut: Es beugt Anfällen vor.

DAS SÄTTIGUNGSGEFÜHL IST BESSER

Bye-bye, Heißhungerattacken! Weniger Kohlenhydrate heißt mehr Gemüse, mehr Fett und mehr Eiweiß. Die beiden letztgenannten Energieträger halten länger satt, unter anderem, weil sie nicht so zügig verarbeitet werden wie Kohlenhydrate. Gerade die kurzkettigen Zucker stehen sehr schnell zur Verfügung und liefern somit auch sehr schnell Energie. Parallel erfolgt ein hoher Insulinanstieg, aber schon bald auch ein rasanter Abfall. Der damit einhergehende niedrige Insulinspiegel signalisiert, dass kaum Blutzucker im Blut kreist – und das bedeutet für den Körper Energiemangel. Folglich signalisiert er: Hunger!

ALS DAUERERNÄHRUNG GEEIGNET

Low Carb forever! Low Carb hat als Diät zur Gewichtsabnahme eine sehr hohe Effektivität. Denn eine Lebensmittelauswahl nach Low Carb führt in fast allen westlichen Gesellschaften automatisch dazu, dass die meisten Fertiggerichte auf dem Index landen. Denn sie sind meist alle High Carb oder aus einem anderen Grund ungesund. Doch wie bei allen Diäten ist dieser Erfolg schnell wieder hinüber, wenn man zur ursprünglichen Ernährungsweise zurückkehrt. Um also dauerhaft von den guten Wirkungen zu profitieren, sollte Low Carb als eine Art Dauerernährung verstanden werden. In seiner moderaten Form wie in unserer Iss-besser-Version mit dem Ernährungs-Doc ist Low Carb wunderbar dafür geeignet – nämlich stark gemüselastig, also Gemüse-Carb.

STARKE-DIABETES-PROYPHYLAXE

Gib Diabetes keine Chance! Mit Low Carb gibt es kein extremes Auf und Ab von Blutzucker und Insulin. Die Blutzuckerschwankungen sind nur mäßig, sodass das Insulin niemals in Extremsituationen gerät. Keine Blutzuckerachterbahn, keine Entgleisung. Damit ist der Entstehung einer Insulinresistenz der Riegel vorgeschoben.

Low Carb schützt übrigens auch vor anderen Zivilisationskrankheiten. So wird unsere Leber durch eine kohlenhydratarme Ernährung entlastet – das ist hilfreich für die große Zahl von einer Fettleber Betroffenen hierzulande. Studien weisen weiterhin nach, dass die Blutwerte bei kohlenhydratarmer Kost für das „böse" LDL-Cholesterin und Triglyceride sinken und Fettstoffwechselstörungen gebessert werden können, dass der Blutdruck auf Normalwerte reduziert wird und Migräneattacken seltener auftauchen. Noch mehr? Das Mikrobiom im Darm verbessert sich (siehe Seite 11) – was wiederum positive Auswirkungen auf die Entzündungswerte im Blut hat.

NEUES KENNENLERNEN UND AUSPROBIEREN

Auf zu neuen Ufern! Wer auf Nudeln, Brot und andere Teigwaren aus Weißmehl, auf Reis und Süßigkeiten weitgehend verzichtet, schafft Platz für Neues. Viele kohlenhydratarme leckere Alternativen (siehe Seite 26) für diese kohlenhydratreichen Zutaten warten

darauf, ausprobiert zu werden. Dazu kommen jede Menge Gemüse und zuckerarmes Obst, Salate, Pilze, Nüsse, Fisch und Fleisch (in Maßen!), Milch und Milchprodukte, die viel Abwechslung auf die Teller bringen.

NOCH WAS? LOW CARB SCHMECKT!

Haben wir das eigentlich schon gesagt? Wenn die Kohlenhydratberge auf den Tellern schrumpfen, können endlich Gemüse, Pilze und Nüsse die Teller dominieren – und das kann richtig lecker sein. Kohlenhydratreiche Lebensmittel sind nicht gerade für Aromenexplosionen bekannt, denn reine Stärke schmeckt nun mal nach nicht viel. Auch mit Gewürzen und Kräutern zu experimentieren lohnt sich. Wem die Umstellung dennoch schwerfällt, empfehle ich, im ersten Schritt die kohlenhydratlastigen Lieblingsgerichte zu reduzieren und sich nach und nach mit neuen Rezepten zu beschäftigen. Eine echte Verhaltensänderung dauert oft drei Jahre.

AUF EIN WORT – DER EXPERTENTALK

Als Ernährungsmediziner ist Matthias Riedl selbstredend sattelfest in Sachen Low Carb. Dass auch Profikoch Tarik Rose bestens mit Hintergrundwissen ausgestattet ist, scheint weniger selbstverständlich. Hier beantworten beide Fragen zu ihren Erfahrungen.

Matthias und Tarik, wir treffen uns heute am Set für den Dreh einer neuen Folge von „Iss besser!". Verratet ihr mir, was es heute gibt?

TARIK: Es gibt unter anderem Nasi Goreng. Eigentlich ein Resteessen, man könnte es auch ganz simpel Bratreis nennen.

MATTHIAS: Tarik macht immer was ganz Neues, Anderes daraus, darauf bin ich schon gespannt. Seine Interpretationen sind entspannter. Und der Reis wird noch mal aufgewärmt, Stichwort resistente Stärke – also zählt der Reis auch als Low Carb.

Damit sind wir schon mitten im Thema. Was macht Low Carb als eine von vielen Ernährungsformen denn so besonders für euch?

MATTHIAS: Schaut man sich Studien zu verschiedenen Ernährungsformen an, ist Low Carb nicht unbedingt signifikant besser, aber in der Tendenz. Und das heißt: Wenn man Low Carb so macht, wie wir das machen, nämlich in der grün-bunten Variante mit viel Gemüse, dann ist es sehr gesund. Du kannst dich aber genauso gut Low Carb mit Unmengen an Fleisch ernähren, nur fehlen dir dann einige wichtige Nährstoffe.

TARIK: Genau. Eine Schweinehaxe ist ja schließlich auch Low Carb.

MATTHIAS: Es geht also gar nicht in erster Linie um Low Carb oder Low Fat, es geht um die Qualität des Essens. Und die stimmt bei der Form, wie wir sie umsetzen, einfach. Low Carb bietet die besten Voraussetzungen für eine ausgewogene Ernährung: Viel Gemüse, Obst, Hülsenfrüchte, hochwertige Fette, Eier, Milchprodukte. Es fehlt nichts.

TARIK: Im Grunde sind unsere Gerichte schon immer Low Carb. Natürlich geht das nicht bei allen Rezepten, aber in diesem Buch schon. Wir kochen mit viel Gemüse.

Ihr geht das Thema also unverkrampft an und interpretiert es nicht so streng.

TARIK: Wir können jetzt anfangen darüber zu diskutieren, ob die Steckrübe oder die Möhre Low Carb sind oder nicht. Die Steckrübe gilt nicht unbedingt als Low Carb, aber ich mache trotzdem was damit. Ich finde, das Essen sollte frei von Zwängen sein und dann ist die Steckrübe auch mal dabei. Oder die Möhre. Low Carb ist so eine Art Einstiegsdroge in gutes, gesundes Essen. Es ist die Ernährungsform, die am leichtesten umzusetzen ist, weil so vieles geht. Bei Low Carb kannst du viel Gemüse essen und einfach nur die Kartoffel weglassen.

MATTHIAS: Und von den Ernährungsformen, die die Leute so kennen, ist es die gesündeste. Low Fat oder Paleo kann man einfach nicht empfehlen. Paleo zum Beispiel ist nicht komplett genug, man muss so viel weglassen, beispielsweise Hülsenfrüchte. Dabei wurden die in der Steinzeit auch gegessen. Und Milchprodukte zu verteufeln, nur weil es sie erst in der Neusteinzeit und überwiegend nur in Europa gegeben hat, ist auch Käse.

Was haltet ihr dagegen, wenn jemand sagt, Kohlenhydrate sind lebensnotwendig? Selbst die DGE, die Deutsche Gesellschaft für Ernährung, hat bis vor Kurzem daran festgehalten, dass der Großteil der Kalorien aus Kohlenhydraten stammen soll.

MATTHIAS: Im Prinzip hat die DGE recht, wenn sie von jungen, gesunden Menschen ausgeht, die körperlich aktiv sind. Aber wir sind eine kranke Gesellschaft und 60 Prozent der Bevölkerung sind übergewichtig, ein noch größerer Prozentsatz ist krank. Und für diese Menschen sind zu viele Kohlenhydrate einfach nicht geeignet.

TARIK: Der normale Büromensch braucht diese Kohlenhydrate nicht. Anders ist das, wenn du Leistungssportler bist. Dann kommst du ohne gar nicht aus. Wir bieten mit unseren Rezepten für jeden etwas, jeder kann sich da rauspicken, was er braucht.

MATTHIAS: Tarik verwendet zum Beispiel das Low-Carb-Gemüse viel Kohl, welcher die Muskelleistung verbessert. Ideal für Leistungssportler. Er verwendet gesunde Fette, und da sind wir gar nicht nur bei Low Carb, das gehört einfach in die gesunde Küche.

Fett oder Eiweiß – womit sollte man eurer Meinung nach die Kalorienlücke stopfen, die durch weniger Kohlenhydrate entsteht? Da gibt es ja unterschiedliche Interpretationen, fast schon Religionen.

MATTHIAS: Genau, das ist schon fast religiös. Und dann gibt es keinen Austausch mehr, dann gibt es nur noch das eine Lager und das andere Lager.

TARIK: Ich würde sagen, wir sind da genau in der Mitte. Wir holen die Kalorien über einen relativ hohen Gemüsekonsum rein. Das Thema Hunger findet bei den Rezepten im Buch einfach nicht statt, weil man über die Kalorien des Gemüses und die geringe Nährwertdichte immer gut gesättigt ist.

MATTHIAS: Dadurch hast du auch noch den Vorteil, dass du mehr Ballaststoffe und sekundäre Pflanzenstoffe aufnimmst. Und du kommst außerdem auf die 400 bis 500 Gramm Gemüse am Tag beziehungsweise fünf Portionen Obst oder Gemüse.

Könnt ihr denn auch Nachteile an dieser Ernährungsform entdecken?

TARIK: Tatsächlich brauchen Sportler schon eine gewisse Menge an Carbs, allerdings schadet auch ihnen etwas „weniger Carbs" nicht. Erst bei Ausdauer- oder Kraftsport kommt man nicht um Kohlenhydrate herum.

MATTHIAS: Bei moderatem Low Carb sehe ich keine Nachteile. Vor allem, wenn viel Gemüse im Spiel ist. Wenn du Leistungssport machst, dann brauchst du sowieso eine individualisierte Ernährungsberatung.

Inwieweit ist Low Carb eine „artgerechte Ernährung"?

MATTHIAS: Das Thema artgerechte Ernährung wird sogar von vielen Medizinern abgelehnt, weil sie den Menschen biologisch nicht in der Tierwelt ansiedeln. Dabei sind wir aus biologischer Sicht nichts anderes als Tiere. Und jedes Tier auf der Welt hat seine artgerechte Ernährung. Die gibt es für Menschen nicht? Viele tun so, als könnten Menschen alles essen – das macht uns krank.

TARIK: Klar gibt es viele Krankheitsbilder, bei denen Low Carb nicht so passt. Der eine darf vielleicht nicht so viel Eiweiß essen, der andere hat Probleme mit dem Darm und kommt mit so vielen Ballaststoffen nicht klar. Keine Frage, diese Leute brauchen eine spezielle, auf sie zugeschnittene Ernährung. Wir gehen mit unseren Rezepten vom „Normalzustand" aus. Sie sind für Menschen, die fitter und gesünder alt werden wollen und sich eine bessere Lebensqualität wünschen.

MATTHIAS: Und die vor allem ihr Gewicht halten oder abnehmen wollen. Die Low-Carb-Version in dem Buch ist demnach die artgerechte Ernährung für alle Menschen mit Übergewicht oder Zivilisationskrankheiten wie Diabetes Typ 2 oder Fettleber.

Es geht hier nicht um eine Diät, sondern um eine Ernährungsform auf Dauer?

MATTHIAS: Ganz genau. Man muss auch nicht jeden Tag Low Carb essen. Man darf auch mal ein Stück Kuchen essen. Und den darf man sich auch mit seinem Partner teilen.

TARIK: Das Problem ist: Sobald es dogmatisch wird, wird das Durchhalten schwierig.

Einen Nachteil gibt es aber vielleicht doch: Es fallen manche Nahrungsmittel weg. Was sagt ihr denn zum Beispiel einem überzeugten Brotesser?

MATTHIAS: Wer Brot sparen möchte, dem kann man sagen: Schneide die Scheiben dünner, leg mehr drauf und iss Vollkorn. Und wer langsam isst, spürt früher die Sättigung.

TARIK: Wenn jemand total auf Brot steht, dann soll er es essen. Aber eben weniger und in der gesünderen Variante.

MATTHIAS: Nur bei Industrieprodukten würden wir ganz klar die rote Karte hochhalten. Das geht gar nicht!

TARIK: Dann iss lieber Kohlenhydrate bis zum Abwinken.

Und was sagt ihr Pasta-Liebhabern?

MATTHIAS: Gemüsenudeln selbst machen oder Pasta aus Vollkorn oder Hülsenfrüchten, das sind Alternativen. Oder die Menge reduzieren. Oder gegarte und abgekühlte Pasta zu Salaten machen, dann haben wir wieder den Vorteil der resistenten Stärke.

TARIK: Du kannst auch stattdessen Gnocchi essen. Die sind zwar aus Kartoffeln vom Vortag und natürlich keine Pasta, aber sie können so ähnlich zubereitet werden. Ich sag mal allgemein: Wenn du Dinge verändern willst, kannst du ganz viele Argumente dagegen finden. Du kannst aber einfach anfangen Neues auszuprobieren. Irgendeinen Cut musst du machen.

MATTHIAS: Die Leute essen sowieso zu viel Weizen. Das ist eigentlich das Problem. Kleine Schritte sind gut. Also nicht Pasta ganz weg, sondern weniger. Aber immer möglichst weg vom Dogmatismus!

Habt ihr noch Tipps für ein paar praktische Low-Carb-Snacks?

TARIK: Zum Beispiel Nüsse, die können auch ganz leicht mit wenig Zucker oder Ahornsirup ummantelt und geröstet werden. Ich gebe auch gerne noch Salz dazu oder ein bisschen Currypulver. Ich stehe außerdem total auf diese Mini-Gurken. Oder Gemüse geröstet im Ofen, als Chips.

MATTHIAS: Oh ja, Tariks berühmte Grünkohlchips! Ich mag auch Möhren oder Spitzpaprika. Die sind gut zum Mitnehmen, richtig süß und knackig. Oder einen guten Apfel, der muss aber wirklich frisch sein!

Welche positiven Erfahrungen könnt ihr von euren Patienten beziehungsweise Gästen bezüglich Low Carb berichten?

TARIK: Ich habe öfter Gäste, die unser Buch kaufen oder die Sendung sehen. Im letzten Jahr war eine Frau zu Gast, die im April angefangen hatte, nach den Rezepten aus dem ersten Buch zu kochen. Anfang diesen Jahres war sie wieder bei mir im Restaurant und erzählte, ihr Mann habe 23 Kilo abgenommen, ohne auf irgendwas zu verzichten. So was freut einen natürlich!

MATTHIAS: Das ist auch meine Erfahrung. Die Patienten fühlen sich körperlich und geistig fitter, weil sie alles bekommen, was sie brauchen. Sie sind durch die übliche Ernährung oft leicht mangelernährt. Viele sind so dankbar und begeistert! Im Supermarkt zum Beispiel rennen sie schon mal ganz nach hinten zu mir in der Schlange, sie erkennen mich selbst mit Maske und rufen: „Sind Sie's? Stellen Sie sich vor, 30 Kilo hab ich abgenommen. Ich bin so glücklich." Irre!

Eine bessere Bestätigung als durch solche Erfolgsmeldungen kann man kaum bekommen. Meine Frage zum Schluss: Wie haltet ihr selbst es denn, lebt ihr konsequent Low Carb?

MATTHIAS: Ja! Das schmeckt mir einfach. Ich muss sogar aufpassen, dass ich nicht zu oft Low Carb esse, weil ich zu viel Gewicht verliere. Da meckert meine Frau.

TARIK: Ich mache eine gute Mischung. Ich bin eigentlich ein fauler Koch. Ich werfe gerne ein bisschen Gemüse aufs Blech und schiebe es in den Ofen. Also Low Carb.

MATTHIAS: Und bei Tarik schmeckt das natürlich immer genial.

UNSERE 10 LOW-CARB-LIEBLINGE

Viele Gemüsesorten, dazu Beeren, Fisch, Fleisch, Nüsse und gute Öle: In der Low-Carb-Küche drängeln sich mehrere Lebensmittelfamilien zusammen auf dem Siegertreppchen. Das sind jedoch unsere zehn Favoriten:

MEHR ALS NUR BLÄTTER: KOHLGEMÜSE

Das Besondere an allen Kohlgemüse sind die sekundären Pflanzenstoffe, genauer die Glucosinolate, die sie so gesund machen – beispielsweise als Schutz vor Herz-Kreislauf-Erkrankungen und Krebs. Der aus Asien stammende **Pak Choi** sieht zwar etwas aus wie Mangold, zählt aber anders als dieser zu den Kohlgemüsen. Supergesund! Und in der Küche? Er ist mildwürzig und ein wenig bitter und passt zu Fleisch, Reis, Gemüse und in die Suppe. Für Kohlfans ein Highlight. Auch der gute, alte **Weißkohl** verdient als weiteres Kohlgemüse eine Huldigung – weitaus vielseitiger, als uns die Traditionsküche weismachen will. Sein beachtlicher Vitamin-C-Gehalt, reichlich Ballaststoffe und mehr halten fit. Neben Salat, Suppe und als Verpackung für Rouladen hat er viel zu bieten, vor allem als Sauerkraut.

UNTERIRDISCHE SCHÄTZE: WURZELGEMÜSE

Da Wurzeln den Pflanzen als Speicherorgane dienen, sind sie relativ stärkereich. Allerdings enthalten sie gleichzeitig viele Ballaststoffe und selbst, wenn der glykämische Index hoch ist, muss die glykämische Last es deshalb nicht sein (siehe Seite 7). Unsere Lieblinge beim Wurzelgemüse sind zwei, die viel Süße mitbringen: Zum einen die **rote Zwiebel,** die deutlich milder ist und sogar noch mehr gute sekundäre Pflanzenstoffe besitzt als ihre gelben oder weißen Verwandten. Auch geschmort setzt sie mit karamellartigem Aroma tolle Geschmacksakzente. Unser zweiter Favorit ist die **Pastinake** als Ersatz für Kartoffeln. Nussig und süß zugleich kann sie roh und gegart gegessen werden. Ihr großes Plus: Sie liefert mit ca. 12 g pro 100 g deutlich weniger Kohlenhydrate als Kartoffeln mit ca. 18 g.

FRÜCHTCHEN, DIE KEINE SIND: TOMATEN

In der Gruppe der Fruchtgemüse haben wir einen klaren Favoriten: **die Tomate.** Gibt es ein vielseitigeres Gemüse? Roh oder gekocht, als Sauce und Sugo, auf der Pizza oder im Salat – die Tomate bereichert mit ihrem säuerlich-fruchtigen Aroma einfach alles. Eine Küche ohne Tomate ist für uns kaum vorstellbar. Ihr Joker: Das Carotinoid Lykopin, ein sekundärer Pflanzenstoff, der aus gekochtem Gemüse besser für den Körper verfügbar ist als aus rohem.

LOW-CARB-OBST: BEERENFRÜCHTE

Unser Lieblingsobst ist die **Himbeere** (auch wenn sie botanisch gesehen zu den Sammelsteinfrüchten und nicht zu den Beeren zählt – geschenkt!). Himbeeren setzen einen säuerlich-süßen Akzent, der auch gut zu dunkler Schokolade passt. Der Fruchtzuckeranteil von Beeren ist im Schnitt gering, was bei vielen anderen Obstsorten nicht immer der Fall ist. Deshalb kann Obst allgemein als Lebensmittelgruppe nicht uneingeschränkt empfohlen werden: Bananen und andere Exoten wie Mangos, Kiwis oder Ananas sind beispielsweise bezüglich Low Carb keine Vorbilder – Beeren allerdings schon, ebenso wie Papaya oder Zitrusfrüchte.

FISCH & MEERESFRÜCHTE

Wegen ihres hohen Gehalts an Omega-3-Fettsäuren gelten fette Meeresfische wie **Hering, Lachs oder Makrele** als besonders gesund. Allerdings gilt hier zu berücksichtigen, dass gerade diese Arten wegen ihres Fettgehalts viele Schwermetalle speichern können und einige zudem von Überfischung bedroht sind (beim Kauf auf das MSC-Siegel achten!). Unser Lieblingsfisch ist der **Kabeljau,** er hat ein fettarmes festes und köstliches weißes Fleisch, das sehr vielseitig in der Küche zu verwenden ist. **Skrei,** der geschlechtsreife Winterkabeljau, wird im Winter und frühen Frühjahr auf seiner Wanderung gen Süden in norwegischen Gewässern gefischt. Deshalb ist sein Fleisch besonders fettarm und fest. Skrei darf dieser Kabeljau im Übrigen nur heißen, wenn er per Hand geangelt und noch auf dem Trawler gereinigt wurde.

FLEISCH

Fleisch ist in Maßen supergesund, steckt voller Mineralstoffe und Vitamine und liefert jede Menge wertvolles Eiweiß. Zu viel Fleisch sollte es aber nicht sein, zu oft rotes Fleisch zu essen kann sogar zu einem Gesundheitsrisiko werden – ebenso wie viel hoch verarbeitete Wurstwaren zu essen. Wir lieben **Hähnchenfleisch** in allen Varianten – am besten aus artgerechter Haltung. Das helle, besonders magere Fleisch ist wegen seines nicht allzu ausgeprägten Eigengeschmacks sehr vielseitig. Meist kommen heute Hähnchenbrustfilets auf die Teller, aber warum sich nicht auch mal den anderen Teilen des Huhns widmen? Als Brathähnchen zum Beispiel sowie bei der Zubereitung von Teilstücken lohnt es sich, den Knochen und die Haut am Fleisch zu belassen. So bleibt das Fleisch schön saftig und das Aroma ist ebenfalls intensiver.

MILCHPRODUKTE

Milch, Joghurt, Quark oder saure Sahne und natürlich Käse von Frisch- bis Hartkäse sind eiweißreiche Zutaten mit weiteren guten Inhaltsstoffen wie Kalzium und Vitamin D. Milchprodukte sind in der Low-Carb-Küche gerade für Desserts ideal, weil sie ohne zugesetzten Zucker auskommen und automatisch Eiweiß (und Fett) liefern. Dabei darf der Fettgehalt gerne hoch sein! Unser Lieblingsmilchprodukt ist aber nicht von der Kuh. **Ziegenfrischkäse** vereint die milde Cremigkeit eines Frischkäses mit dem charakteristisch-würzigen Geschmack von Ziegenkäse. Im Gegensatz zum süßlich-milden Frischkäse von der Kuh steuert er noch ein wenig ziegigen Charakter bei, der sich zum Beispiel in Dips oder auf Gemüsegerichten sehr gut macht.

NÜSSE & SAMEN

Nüsse und Samen sind mit den hochwertigen Fettsäuren, dem vielen gesunden Eiweiß und dem niedrigem Kohlenhydratgehalt in der Low-Carb-Küche gern gesehene Zutaten. In gemahlener Form lassen sie sich als Mehlersatz auch beim Backen verwenden. Ganz klar: Nüsse und Samen lieben wir. Ein kleines bisschen mehr aber lieben wir noch die **Haselnuss,** weil sie fast überall passt – ein tolles, leicht herbes und doch süßes Aroma und einen schönen Crunch-Effekt beisteuert. Sie bereichert nicht nur Gebäck und Desserts – auch in deftigen Rezepten mit Salat, Gemüse, Fisch und Fleisch als Topping oder Zutat für Pesto ist sie ein Gewinn.

ÖLE & FETTE

Hochwertige Öle sollten die Basis jeder Küche sein, Sonnenblumen- und Distelöl gehören allerdings wegen ihres ungünstigen Verhältnisses der Fettsäuren nicht unbedingt dazu. Manche Öle wie Nussöle, Kürbiskernöl oder Leinöl sind nur für die kalte Küche geeignet, andere behalten auch erhitzt ihre wertvollen Eigenschaften. Wir haben zwei Favoriten: **Olivenöl** ist nicht nur supergesund, sondern darf auch entgegen der lange verbreiteten Meinung durchaus erhitzt werden – ist also sowohl für ein Salatdressing als auch zum Braten gut. Daneben sind **Nussöle** (besonders Hasel- oder Walnussöl) köstlich in Dressings oder als Topping, aber nicht zum Braten.

HÜLSENFRÜCHTE

Viel Eiweiß und Ballaststoffe: Das macht Hülsenfrüchte einerseits gesund und andererseits trotz des recht hohen Kohlenhydratanteils Low-Carb-kompatibel. Linsen, Bohnen, Kichererbsen und Co. eignen sich aber zu weitaus mehr als zu Eintöpfen! Zum Beispiel als Gemüse, püriert als Aufstrich, gebraten als Frikadelle oder gehackt als Hackfleisch-Alternative in der Bolognese. **Kichererbsen** sind dabei mit ihrem charakteristischen, leicht süßlich-nussigen Geschmack unsere Lieblinge. Fest verwurzelt in der orientalischen Küche sind sie prädestiniert für nah- und fernöstlich inspirierte Gerichte. Nicht nur über Hummus und Falafel, deren Basis sie sind, haben sie sich auch in unseren Breiten einen festen Platz in der Küche und unseren Herzen erobert.

UNSER LOW-CARB-VORRAT

Wer nur Low-Carb-Lebensmittel im Haus hat, kann auch nur Low Carb essen. Es lohnt sich, Kühlschrank, Tiefkühlfach und Vorratsregal zu durchforsten. Und dann: Nix wie raus mit den Kohlenhydratbomben und rein mit den Carb-Leichtgewichten!

Sag zum Abschied leise „danke, das war's für euch". Alles, was nicht Low Carb ist, fliegt raus: Pasta, Reis, Kartoffeln, Brot, Weizen-, Dinkel-, Roggenmehl. Zucker und Süßigkeiten sowieso. Obwohl, halt, es gibt mal wieder in paar Ausnahmen. Klar, Kartoffeln, Reis und Nudeln sind fast schon pure Kohlenhydrate, keine Frage. Aber: Hier kommt die resistente Stärke ins Spiel. Das Schmankerl haben wir uns bis jetzt aufgehoben, aber nun soll die gute Nachricht endlich verkündet werden.

WAS IST RESISTENTE STÄRKE?

Erst garen, dann wieder abkühlen: Auf diese Weise verändert sich die chemische Struktur der Stärke in Lebensmitteln wie Kartoffeln, Nudeln, Reis oder Hülsenfrüchten irreversibel. Nach zwölf bis 24 Stunden Abkühlen kann die Stärke dann nicht mehr in die einzelnen Zuckerbausteine zerlegt werden, ist also nahezu unverdaulich und hat somit denselben Nutzen wie Ballaststoffe. Ebenso wie diese füttert resistente Stärke die nützlichen Milchsäurebakterien im Dickdarm. Dabei entsteht eine kurzkettige Fettsäure, das Butyrat (Buttersäure), das eine gesunde Darmflora fördert und vor Entzündungen schützt. Studien konnten außerdem einen positiven Effekt von Butyrat auf den Blutzuckerspiegel und die Blutfettwerte nachweisen. Weil sie sich wie Ballaststoffe verhält, darf die verzehrte Menge resistenter Stärke auch auf die empfohlene Tagesdosis für Ballaststoffe von 30 g angerechnet werden.

Kartoffeln, Nudeln und Reis sind also doch erlaubt – vorausgesetzt, sie werden nicht frisch gegart gegessen, sondern erst nach dem Abkühlen, sodass sie resistente Stärke bilden konnten. Natürlich sollten sie dennoch nicht in rauen Mengen auf den Tisch kommen. Also: Teller hoch für Nudel-, Reis- und Kartoffelsalate und für alles, was aus vorgegarten Kartoffeln zubereitet wird!

Und es kommt noch besser: Resistente Stärke ist auch ganz von Natur aus – ohne Kochen und wieder Abkühlen – in manchen Lebensmitteln vorhanden: in größeren Mengen zum Beispiel in gegarten Hülsenfrüchten, geschrotetem Getreide, Möhren und unreifen Bananen. Das erweitert die Low-Carb-Palette erheblich. Schauen wir also, was wir in der Küche finden können. Die kleine, feine Auflistung soll beim Einkauf helfen.

IM VORRATSCHRANK ODER REGAL

Hier tummeln sich alle trockenen und länger haltbaren Lebensmittel, auch einige Konserven:

- Nie fehlen sollten ganze, stückige oder pürierte **Tomaten** aus Dose oder Glas. Sie werden ausgereift geerntet und haben mehr Aroma als manche frische knackige, aber völlig geschmacksneutrale Gewächshausware. Vor allem außerhalb der Tomatensaison im Sommer ein Muss.

- Auch **Bohnen, Oliven, Kapern, Sardinen** (aus Glas oder Dose) zur Hand zu haben ist immer gut. **Linsen, Bohnen und Co.** können getrocknet im Vorrat stehen, aber auch eingedost, falls es mal schnell gehen muss.

- Sauer Eingelegtes und Fermentiertes ist wahnsinnig gesund, da dürfen neben den klassischen **Einmachgurken** auch Gemüse wie **Sauerkraut, Rote Bete** oder **asiatisches Kimchi** im Vorratsschrank stehen.

- Zum Würzen sind **Zitronen, Zwiebeln, Knoblauch und Ingwer** eine wichtige Basis. Getrocknete Pilze sind gute Aromengeber.

- An Öl und Essig sind am besten: **natives Olivenöl extra, Rapsöl, Sesamöl, Essig** von A wie Apfel bis Z wie ... (na ja, jedenfalls nicht wie Zucker) nach Geschmack. **Kokosmilch** passt auch gut ins Regal.

- Weitere wertvolle Würzmittel: **Senf,** natürlich **Gewürze** nonstop und rund um die Welt, **Tomatenmark, Brühe, Misopaste** sowie **salzreduzierte Sojasauce.**

- Auch echte Low-Carb-Basics: Nüsse und Samen wie **Haselnüsse, Mandeln, Cashewkerne, Kokosraspel, Erdnüsse, Pinienkerne, Pistazien, Sesam** und Produkte daraus.

- Ein wenig Süßes und Süßungsmittel dürfen sein: **Bitterschokolade** (mind. 70 % Kakaogehalt), Zucker nur in absoluten Ausnahmefällen, dafür **Ahornsirup und Honig.**

- Dazu kommen **Low-Carb-Alternativen** (siehe Seiten 26/27), zum Beispiel auch Low-Carb-Brote. Und wegen der resistenten Stärke dürfen Nudeln, Reis und Kartoffeln als Nebendarsteller bleiben.

- Für eine bunte Getränkeauswahl eignen sich **schwarzer und grüner Tee sowie Früchte- und Kräutertees** im Beutel oder lose.

IM KÜHLSCHRANK

- Hier sind **reine Fleischwaren** wie Hackfleisch, Steaks, Filets und alle anderen Teile vom Tier zu finden. Verarbeitetes wie Wurst, Schinken und Bacon sind eher ungünstig, da sie oft viele Zusätze enthalten. Ebenso im Kühlschrank: **ganz frischer Fisch,** Fischfilets und Meeresfrüchte vom Fischhändler.

- Dazu kommen frische **Milch sowie Milchprodukte:** süße und saure Sahne, Schmand, Magerquark, Naturjoghurt, Butter, (Ziegen-) Frischkäse, Hartkäse in diversen Sorten wie Parmesan, körniger Frischkäse (Hüttenkäse).

- Außerdem nach Wunsch **vegane Milchersatzprodukte** wie Sojacreme, Seidentofu sowie ungesüßte Pflanzendrinks aus Mandeln, Getreide oder Hülsenfrüchten.

- An Getränken ist **Wasser** mit oder ohne Kohlensäure entweder pur geeignet oder zum Mischen mit ungesüßten Obstsäften als Schorle. Auch gekühlte **ungesüßte Tees** sind gerade an heißen Tagen ideal.

Frische Kräuter, Gemüse und Obst sowie Eier eignen sich weniger für die Vorratshaltung, sondern werden alle paar Tage frisch dazugekauft. Beim Gemüse eher stärkearme Sorten wählen, wie sie in der Low-Carb-Pyramide auf Seite 9 aufgeführt sind.

IM TIEFKÜHLFACH

Außerhalb der Saison ist Obst und Gemüse als Tiefkühlware super – wie etwa Erbsen, Spinat, Blumenkohl, (gemischte) Beeren und Kräuter. Weil die Ware gleich nach der Ernte eingefroren wird, erleidet sie kaum Nährstoffverluste und ist um Längen besser als lange gelagertes, frisches Gemüse und Obst. Auch Fisch lässt sich im Gefrierfach lagern.

LOW-CARB-TAUSCHBÖRSE

Nun geht es darum, die Löcher zu stopfen, die die High-Carb-Lebensmittel im Vorratsschrank oder Kühlschrank hinterlassen. Alternativen gibt es immer, versprochen, und zwar wirklich für jede High-Carb-Zutat!

Auch wenn so manche lieb gewonnenen Lebensmittel aussortiert sind, heißt das noch lange nicht, dass es das jetzt ein für alle Mal damit gewesen sein muss. Es gibt Lösungen.

STATT NUDELN

Frisch gegarte Nudeln sind einfach nichts für die Low-Carb-Küche (Ausnahme resistente Stärke). Etwas mehr taugen da Nudeln in der Vollkornversion. Alternativ kann man die Mengen reduzieren und die Nudeln nur als kleine Beilage essen. Oder auf die tollen Low-Carb-Nudelalternativen zurückgreifen, denn da gibt es mittlerweile einiges:

- **Sojanudeln, Linsennudeln, Kichererbsennudeln –** hier übernehmen Hülsenfrüchte die Rolle des üblichen Weizenmehls. Diese sind kohlenhydratärmer als die „normalen" Nudeln, aber natürlich auch nicht frei davon.
- **Proteinnudeln** basieren auf Soja- oder Erbsenprotein, also auf dem Eiweiß von Hülsenfrüchten. Ihr Kohlenhydratgehalt ist völlig in Ordnung in der Low-Carb-Küche.
- **Konjaknudeln** enthalten sehr wenig Kohlenhydrate, hergestellt werden sie aus den Wurzelknollen einer ostasiatischen Pflanze.

STATT REIS

Fast schon ein Klassiker und sogar schon fertig im Supermarkt zu kaufen: „Reis", der aus winzig klein geriebenem Blumenkohl besteht. Ihn zu Hause selbst zu machen ist aber kinderleicht: Entweder mit dem Mixer oder von Hand mit einem Messer oder der Reibe so lange zerkleinern, bis die Stücke reiskornklein sind. Wenige Minuten in Salzwasser garen, fertig. Daneben können Getreide mit etwas geringerem Kohlenhydratgehalt wie Amarant oder Quinoa Reis ersetzen, sollten den Teller aber nicht dominieren. Auch der neuerdings erhältliche „Reis" aus gemahlenen roten Linsen eignet sich als gute Alternative.

STATT KARTOFFELN

Gegarte und abgekühlte Kartoffeln gehen ja durchaus. Aber auch frisch gekocht sind kleine Mengen okay, denn der Kohlenhydratgehalt von Kartoffeln ist nicht so hoch, wie man denkt – die üblichen großen Mengen sind eher das Problem. Wenn es ein Püree sein soll, dann toppen verschiedene Gemüsesesorten das gute alte Kartoffelpüree sogar in Sachen Geschmack, unterbieten es aber im Kohlenhydratgehalt: Blumenkohl, Möhren, Petersilienwurzeln, Pastinaken, Kohlrabi – gemischt mit Kartoffeln oder pur. Wurzelgemüse eignet sich als Ofenpommes.

STATT MEHL

Backen ohne Mehl? Geht! Bis auf wenige Ausnahmen kommt klassisches Gebäck zwar nicht ohne aus, vor allem auf die Klebereigenschaften von Weizen, Dinkel, Roggen oder Gerste lässt sich schlecht verzichten. Doch es gibt jede Menge Möglichkeiten:

■ Statt Stärke enthalten geeignete **Low-Carb-Mehle** mehr Eiweiß, Fett oder beides. Es eignen sich fertige Low-Carb-Mehlmischungen oder auch Mandelmehl, Kokosmehl oder andere Nussmehle. (Teil-)entöltes Mandelmehl ist übrigens nicht dasselbe wie gemahlene Mandeln, denn dem Mehl wird ein Großteil des Fetts entzogen, das bei gemahlenen Mandeln noch vorhanden ist.

■ Daneben sind auch **Leinsamenmehl** und **Mehle aus Hülsenfrüchten,** etwa aus Lupinen, geeignet. Sie haben unterschiedliche Eigenschaften, zum Beispiel das Wasserbindevermögen. Zudem fehlt allen das Gluten.

■ Beim Backen werden daher entweder **mehr Eier** verwendet oder die Bildung wird durch Bindemittel wie **Guarkernmehl** oder **Johannisbrotkernmehl** hergestellt.

STATT SÜSSIGKEITEN

Süßes muss manchmal einfach sein, auch wenn süß viel Zucker bedeutet. Auch hierzu gibt es aber gesündere Alternativen:

■ **Bitterschokolade** (mind. 70 % Kakaoanteil) ist erlaubt, sie enthält wenig Zucker und hat keinen Nicht-mehr-aufhören-können-Effekt.

■ Ein **griechischer Joghurt (10 % Fett) mit Beeren** macht mit hohem Eiweiß- und Fettgehalt gut satt und die Beeren sorgen für die Süße, ohne dass gesüßt werden muss.

■ **Obstsalat und -mus** mit nicht zu süßem Obst gehen ebenfalls (siehe ab Seite 148).

STATT CHIPS UND CO.

Auch deftige Snacks können ziemlich kohlenhydratreich sein, man denke nur an Kartoffelchips, Salzgebäck und Konsorten:

■ Für Chips gibt es geniale Alternativen aus Gemüse, allen voran **Grünkohlchips,** aber auch aus Möhren, Roter Bete oder Pastinaken lassen sich die dünnen Cracker backen.

■ Oder: **geröstete Nüsse oder Mandeln,** eventuell leicht gesalzen oder mit Kräutern und Gewürzen wie Paprikapulver oder Rosmarin verfeinert – knackig und sehr lecker!

STATT LIMONADE UND COLA

Cola, Eistee, Limonade und selbst reine Frucht-Smoothies beinhalten teilweise erschreckende Zuckermengen. Die Zuckerzufuhr über Getränke wird oft übersehen.

■ Für Limonade ist **aromatisiertes Wasser** eine hervorragende Alternative. Man kann es mit Früchten wie Himbeeren und Kräutern wie Minze ganz leicht selbst machen.

■ Statt **Eistee** eine Basis aus abgekühltem Schwarztee mit frisch gepresstem Zitronensaft und ungesüßten Fruchtsäften mischen.

■ Für **Smoothies** wählt man statt reinen Obstes entweder Gemüse wie Spinat oder Grünkohl oder eine Mischung aus Gemüse und einem geringeren Anteil an Früchten.

LOW CARB – SCHRITT FÜR SCHRITT

Sie sind inzwischen auch vom Low-Carb-Prinzip überzeugt? Wie schafft man aber nun die Umstellung? Ganz bestimmt nicht durch Schocktherapie, sondern nur auf die sanfte Tour: durch geplantes, schrittweises Vorgehen.

Wer seine Ernährung in Richtung Low Carb drehen möchte, sollte einen Step nach dem nächsten tun – wir empfehlen die Umstellung in drei Schritten zum Low-Carb-Lover. Schritt eins: Selbstbeobachtung. Schritt zwei: Ausmisten. Schritt drei: Umsetzen. So sieht ein Plan aus!

SCHRITT 1 Selbstbeobachtung

Jetzt geht es zuerst einmal darum, sich einen Überblick darüber zu verschaffen, wie und wann man sich eigentlich so tagtäglich die Kohlenhydrate raufschaufelt. Bei der Spurensuche hilft ein Ernährungstagebuch oder eine praktische App wie zum Beispiel „myFoodDoctor" von Dr. Riedl. Hier trägt man jede, wirklich jede Mahlzeit ein. Also auch die Handvoll Nüsschen beim Meeting und den Riegel Schoki beim Fernsehen. Die Getränke nicht vergessen! Dieses Tagebuch sollte man mindestens drei Tage, besser eine ganze Woche führen – mit mindestens einem normalen Arbeitstag und einem Wochenendtag. Aufgenommen werden nicht nur alle Mahlzeiten, sondern auch Infos, wie man sich nach der Mahlzeit gefühlt hat, ob man wirklich gut gesättigt oder eher voll war, was zum Essen geführt hat (zum Beispiel: „Konnte der Schoki nicht widerstehen", „Heißhunger, nur ein Bäcker auf dem Weg" oder „Doppelkopf ohne Chips? No way!"). Dabei lassen sich bald Muster erkennen. Nicht immer ist es der Hunger, sondern durchaus auch Gewohnheit oder Mangel an Gelegenheit. Mithilfe des Tagebuchs lässt sich das erkennen und in Zukunft besser handeln. Die persönlichen Carb-Vorlieben zeigen sich und erste Strategien zur Umgehung können geschmiedet werden. Und statt Schoki gibt es beim Fernsehen dann Nüsse, für den Heißhunger unterwegs nimmt man sich von zu Hause etwas mit und beim Doppelkopf gibt's dann Erdnüsse.

Dr. Riedls Tipp

In unserem Zentrum im medicum Hamburg haben wir folgendes Change-Management nach dem 20:80-Prinzip entwickelt: Erst die Fehleranalyse über ein Tagebuch, dann die wichtigsten Fehler benennen, die man ändern will und kann, und zunächst nur diese angehen. Mit weniger Änderungen (20 Prozent) mehr Erfolg (80 Prozent) – und das ohne Entbehrungen.

SCHRITT 2 Ausmisten

Als Nächstes gilt es, mit detektivischem Gespür alle verdächtigen Orte zu untersuchen, an denen sich die üblen Low-Carb-Criminals verbergen könnten und diese auf ihre Tauglichkeit zu untersuchen. Wie ein lupenreiner Low-Carb-Vorrat aussehen kann, haben wir auf den Seiten 24/25 schon betrachtet. Aber jetzt geht's erst mal ans Aufräumen.

SCHRITT 3 Umsetzen

Nachdem der Vorrat bereinigt und mit neuen Low-Carb-Lebensmitteln aufgefüllt wurde, kann es endlich losgehen. Ein Kaltstart wäre aber jetzt kontraproduktiv und frustrierend, denn so was kann sich anfühlen, als würde an der Lebensgrundlage gerüttelt. Am besten beginnt man damit, nur die Hauptmahlzeit des Tages auf Low Carb umzustellen. Das ist deshalb am einfachsten, weil wir hier Abwechslung gewöhnt sind. Im Gegensatz zu Frühstück und Abendbrot gibt's jeden Mittag schließlich etwas anderes. Für die beiden anderen Mahlzeiten ist für den Anfang erst mal noch der übliche Trott erlaubt, wobei die großen Kohlenhydratkracher wie Fruchtjoghurts oder Weißbrot ja schon aussortiert sind. Es gibt also stattdessen Joghurt mit frischen Früchten oder Vollkornbrot – hier wird die Schraube schon jetzt sehr sanft in Richtung Low Carb gedreht. Nach und nach werden aber auch Frühstück und Abendbrot an Low Carb angepasst. Vielleicht schmeckt morgens auch eine deftige Eierspeise oder das Abendbrot wird durch einen Salat oder ein Omelett ersetzt. Ausprobieren lohnt sich!

WAS TUN, WENN ICH …

… AUSSER HAUS ESSEN MÖCHTE?

Sowohl beim Essengehen als auch bei Essenseinladungen oder auf einer Party: Echtes Low Carb ist eher die Ausnahme. Wenn Nudel- und Kartoffelsalate das Partybüfett dominieren und der Italiener hauptsächlich Pizza und Pasta auf der Karte stehen hat, dann gibt es zwei Möglichkeiten: entweder alle Regeln ausnahmsweise einmal über Bord werfen (ohne schlechtes Gewissen!) oder nach Alternativen suchen. Die gibt es immer: Beim Italiener den italienischen Salat oder die Minestrone, auf der Party die Buletten, die Knabbernüsschen oder die Hackfleischsuppe. Bei Essenseinladungen kann es heikel sein, das Servierte abzulehnen. Hier sollte man mit der nötigen Sensibilität abschätzen, ob es das Verhältnis zum Gastgeber erlaubt, möglicherweise mäkelig zu wirken. Im Zweifel auch hier lieber Low Carb einmal Low Carb sein lassen und essen, was auf den Tisch kommt. Das ist kein Problem, solange es nicht zu häufig vorkommt.

… BALLASTSTOFFE NICHT VERTRAGE?

Ballaststoffe sind ein elementarer Bestandteil der Low-Carb-Version von Tarik und Matthias und entscheidend für deren positive Wirkung überhaupt. Langfristiges Ziel: deutlich über 30 g am Tag. Wer die relativ hohe Ballaststoffzufuhr aber nicht gewöhnt ist, sollte die Zufuhr langsam nach und nach erhöhen, denn der Körper braucht eine gewisse Anpassungszeit.

LECKERE SALATE & SNACKS
Was steht mehr für gesunde Rezepte als Salate und Rohkost? Hier kommen echte Low-Carb-Knüller, die kaum Kohlenhydrate liefern. Auch Suppen und kleine warme Gerichte dürfen nicht fehlen. Und schließlich die Herausforderung für jedes Low-Carb-Buch: ein kohlenhydratarmes Brot mit passenden Aufstrichen – für alle Brotzeitfans!

GEMÜSESALAT MIT BRATENRESTEN

Für 4 Personen

ZUTATEN:
2 Möhren
2 rote Zwiebeln
1 Pastinake
100 g Shiitake-Pilze
1 Knoblauchzehe
1 haselnussgroßes Stück Ingwer
1 rote Chilischote
1 Stange Lauch
1 Spitzpaprikaschote
¼ Granatapfel
2 EL Olivenöl
2 EL Gemüsebrühe
2 EL salzreduzierte Sojasauce
2 EL Apfel-Balsamessig
Salz | Pfeffer aus der Mühle
etwas Ahornsirup
200 g Bratenreste
(z. B. von Rind, Ente oder Gans)
1 Prise gemahlener Kreuzkümmel
1 Prise edelsüßes Paprikapulver
einige Kräuterstiele
(z. B. Petersilie, Kerbel oder Liebstöckel)

Pro Portion: ca. 220 kcal, 17 g EW, 8 g F, 15 g KH, 4 g BST

1 Möhren, Zwiebeln und Pastinake putzen, schälen und in feine Streifen schneiden. Die Pilze putzen, falls nötig, trocken abreiben und die Stiele entfernen, größere Pilze in Stücke teilen. Knoblauch und Ingwer schälen und in feine Streifen schneiden. Chilischote längs halbieren, nach Belieben weiße Trennhäute entfernen, Chili waschen und in dünne Ringe schneiden. Lauch und Paprika jeweils längs halbieren, waschen und ebenfalls in dünne Streifen schneiden. Die Kerne aus dem Granatapfelstück herauslösen.

2 Das Öl in einer großen Pfanne erhitzen und Möhren, Zwiebeln, Pastinake und Pilze darin andünsten, dann Knoblauch, Ingwer und Chili dazugeben. Lauch und Paprika erst nach 2 bis 3 Minuten hinzufügen. Anschließend Brühe, Sojasauce und Essig angießen. Alles bei schwacher Hitze wenige Minuten schmoren, das Gemüse sollte noch bissfest sein. Mit Salz, Pfeffer und Ahornsirup abschmecken, vom Herd nehmen.

3 Die Bratenreste in Stücke zupfen und rechtzeitig Zimmertemperatur annehmen lassen oder in der Pfanne in 1 EL Olivenöl leicht erhitzen (bei Gans oder Ente möglichst vorher die Haut entfernen). Dann das Fleisch mit dem Gemüse in einer Schüssel mischen. Granatapfelkerne und Gewürze dazugeben. Die Kräuter waschen, trocken tupfen, die Blätter abzupfen und zum Salat hinzufügen.

4 Zum Servieren den Salat lauwarm oder abgekühlt auf Teller verteilen und nach Belieben mit weiteren Kräutern garnieren. Der Gemüsesalat schmeckt auch ohne die Beigabe von Fleisch (vegan) – wer mag, kann stattdessen mehr Pilze hinzufügen.

Dr. Riedls Iss-besser-Tipp

Pilze eignen sich gut für die gesunde Low-Carb-Küche. Sie bestehen zu knapp drei Vierteln aus Wasser und enthalten kaum Fett, dafür aber eine gute Portion Ballaststoffe. Hervorzuheben ist hier das Betaglucan, das den Cholesterinspiegel niedrig halten kann. Spezielle Wirkstoffe in Shiitake-Pilzen sollen einer Studie zufolge auch den Blutdruck senken.

SALAT-HOTDOG MIT MINI-GURKEN

Für 4 Personen

FÜR GURKEN UND SALAT:
4 Mini-Gurken
1 Knoblauchzehe
1 haselnussgroßes Stück Ingwer
200 ml Essig | 1 EL Fenchelsamen
1 EL Senfsamen | 2 Sternanis
Salz | Pfeffer aus der Mühle
4 Herzen Römersalat

FÜR DIE SALSA:
4 Tomaten | 2 rote Zwiebeln
je 2 Petersilien- und Basilikumstiele
1 Knoblauchzehe | 2 EL Olivenöl
2 TL Apfel-Balsamessig
Salz | Pfeffer aus der Mühle

FÜR DIE ZWIEBELN:
2 rote Zwiebeln | 2 EL Olivenöl
2 EL Apfel-Balsamessig
Salz | Pfeffer aus der Mühle

FÜR DAS DRESSING:
je 2 Petersilien- und Basilikumstiele
200 g Joghurt (3,5 % Fett) | 1 TL Senf
1 EL Apfel-Balsamessig
1 TL flüssiger Honig
Salz | Pfeffer aus der Mühle

Pro Portion: ca. 200 kcal, 5 g EW, 13 g F, 14 g KH, 3 g BST

1 Die Gurken waschen und mit einer Messerspitze mehrmals rundum anstechen. Knoblauch und Ingwer schälen und grob würfeln. In einem Topf 400 ml Wasser mit dem Essig erhitzen, Gewürze, Ingwer und Knoblauch hinzufügen. Die angestochenen Gurken im Sud bei schwacher Hitze etwa 5 Minuten ziehen lassen. Herausnehmen und beiseitelegen, den Sud offen noch kräftig einkochen. Inzwischen von den Salaten die äußeren Blätter ablösen, waschen, trocken tupfen und in Streifen schneiden, mit dem Gurkensud mischen.

2 Für die Salsa Tomaten waschen und klein würfeln, dabei die Stielansätze entfernen. Zwiebeln schälen und fein würfeln. Petersilie und Basilikum waschen, trocken tupfen, die Blätter abzupfen und in feine Streifen schneiden. Knoblauch schälen und sehr fein würfeln. Alles mit Öl, Essig, Salz und Pfeffer würzen, etwas ziehen lassen.

3 Die Zwiebeln schälen, in dünne Ringe schneiden und in einer Pfanne im Öl kurz andünsten. Sofort etwas Essig dazugeben, damit die rote Farbe erhalten bleibt. Alles salzen, pfeffern und im Sud bei schwacher Hitze noch kurz ziehen lassen. Mit Salz, Pfeffer und übrigem Essig abschmecken, vom Herd nehmen und abkühlen lassen.

4 Für das Dressing die Kräuter waschen, trocken tupfen, die Blätter abzupfen und in feine Streifen schneiden. Mit Joghurt und Senf verrühren, mit Essig, Honig, Salz und Pfeffer abschmecken.

5 Zum Servieren die Salatherzen bis zum Strunk anschneiden und aufklappen – sie sollen noch zusammenhängen. Jeweils mit Zwiebeln, Salat, Salsa und Dressing füllen, 1 marinierte Gurke darauflegen, erneut mit Dressing, Salsa, Zwiebeln und Salat toppen.

Dr. Riedls Iss-besser-Tipp

Die Veggie-Hotdogs stärken gleich in mehrfacher Hinsicht unsere Darmflora: Zum einen dienen die unverdaulichen Ballaststoffe (wie Inulin und Oligofruktose) der Zwiebeln als Futter für die guten Darmbaktieren. Zum anderen liefert der Joghurt als fermentiertes Milchprodukt ordentlich Nachschub für ein gesundes und vielgestaltiges Mikrobiom im Darm.

KÜRBISTÖRTCHEN MIT ZIEGENKÄSE UND SALAT

Für 6 Förmchen (ca. 10 cm Durchmesser)

FÜR DIE TÖRTCHEN:
250 g (teil-)entöltes Mandelmehl
2 Eier (Größe M)
50 g weiche Butter
Salz
1–2 TL Ras el-Hanout (ersatzweise Baharat oder Harissapulver)
2 rote Zwiebeln
1 Knoblauchzehe
1 kleiner Butternut-Kürbis
je 1 Bio-Zitrone und -Orange
3 EL Olivenöl
Salz | Pfeffer aus der Mühle
2 EL Apfel-Balsamessig
100 g Ziegenfrischkäse (ersatzweise Kuh- oder Schaffrischkäse)
50 g Kürbiskerne

FÜR DEN SALAT:
150 g gemischte Salatblätter
2–3 EL Olivenöl
1–2 TL Kürbiskernöl
1 TL Ahornsirup
Salz | Pfeffer aus der Mühle

Pro Portion: ca. 455 kcal, 32 g EW, 29 g F, 13 g KH, 10 g BST

1 Für die Törtchen den Backofen auf 180 °C vorheizen. Für den Teig Mandelmehl, Eier und Butter mischen. Salz und etwas Ras el-Hanout dazugeben. Die Förmchen mit Backpapier auslegen und mit dem Teig auskleiden, dabei einen kleinen Rand formen. Den Teig im Ofen auf der mittleren Schiene etwa 5 Minuten vorbacken, herausnehmen und auf einem Kuchengitter abkühlen lassen (den Backofen nicht ausschalten!).

2 Währenddessen Zwiebeln und Knoblauch schälen und fein würfeln. Den Kürbis schälen, halbieren, entkernen und in kleine Würfel schneiden. Zitrone und Orange heiß waschen, abtrocknen und die Schale fein abreiben, Zitrone und Orange halbieren und für das Dressing auspressen.

3 In einer Pfanne 2 EL Olivenöl erhitzen und Zwiebeln und Knoblauch darin andünsten. Den Kürbis hinzufügen und 2 bis 3 Minuten bissfest schmoren. Die Masse mit übrigem Ras el-Hanout, Salz, Pfeffer, Zitronen- und Orangenschale sowie Essig würzen.

4 Die Pfanne vom Herd nehmen und den Frischkäse gleichmäßig unter die Kürbismasse mischen. Die Masse auf den vorgebackenen Teigböden verteilen und die Törtchen im Ofen noch etwa 15 Minuten backen. Inzwischen das restliche Olivenöl (1 EL) in die Pfanne geben und die Kürbiskerne darin rundum kurz anrösten, herausnehmen und abkühlen lassen.

5 Den Salat-Mix verlesen, waschen und trocken schleudern. Für das Dressing 2 EL Orangensaft, 1 EL Zitronensaft (von den Törtchen), beide Öle, Ahornsirup, Salz und Pfeffer verrühren und mit dem Salat mischen. Die Törtchen aus dem Ofen nehmen, auf Teller setzen und mit den gerösteten Kürbiskernen bestreuen. Den Salat dazu reichen.

Dr. Riedls Iss-besser-Tipp

Der Teig für die Törtchen kommt völlig ohne Mehl aus. Das ist echtes Low Carb. Der Mehlersatz kann sich sehen lassen: Mandeln enthalten reichlich B-Vitamine, Vitamin E, Zink sowie Kupfer und zählen zu den Lebensmitteln mit antientzündlichen Inhaltsstoffen. Sie ersetzen in Gebäck nicht nur Weizenmehl, sondern lassen sich auch prima im Ganzen snacken.

SELLERIESALAT MIT WALNÜSSEN

Für 4 Personen

ZUTATEN:

½ Sellerieknolle | 2 EL Olivenöl
1 EL Nussöl nach Wahl (z. B. Haselnussöl)
2 EL Apfel-Balsamessig
2 eingelegte schwarze Nüsse
(mit Einlegesud)
Salz | Pfeffer aus der Mühle
1 Scheibe Vollkornbrot (ca. 50 g)
12 halbierte Walnusskerne
1 TL Ahornsirup
50 g Portulak (ersatzweise Feldsalat)
1 Bund Petersilie
etwas geriebener Meerrettich

Pro Portion: ca. 225 kcal, 5 g EW, 15 g F, 15 g KH, 6 g BST

1 Sellerie putzen, schälen, erst in 1 bis 2 cm dicke Scheiben, dann mit dem Sparschäler in dünne Streifen schneiden. In einer Schüssel mit 1 EL Olivenöl, Nussöl, Essig und etwas Einlegesud mischen (alternativ anstelle des Suds etwas Ahornsirup oder Honig dazugeben). Salzen und pfeffern, mit den Händen durchkneten und etwas ziehen lassen.

2 Inzwischen das Brot in kleine Würfel schneiden und in einer Pfanne im restlichen Olivenöl knusprig rösten, herausnehmen und abkühlen lassen. Die halbierten Nüsse mit dem Ahornsirup in der Pfanne karamellisieren, anschließend leicht salzen.

3 Den Portulak verlesen, waschen und trocken schleudern. Schwarze Nüsse in Scheiben schneiden. Petersilie waschen, trocken tupfen, Blätter abzupfen und fein hacken.

4 Zum Servieren den Selleriesalat auf Teller verteilen und mit den karamellisierten Walnüssen und Brotwürfeln bestreuen. Darauf Portulak und schwarze Nüsse setzen, alles mit Meerrettich und Petersilie bestreuen.

RADICCHIO MIT ORANGE UND BLAUSCHIMMELKÄSE

Für 4 Personen

ZUTATEN:

4 Köpfe Radicchio trevisano
(ersatzweise normaler Radicchio)
50 g Haselnusskerne
1 Bio-Orange
1 walnussgroßes Stück Ingwer
1 EL Olivenöl
3 EL Apfel-Balsamessig | 1 Sternanis
Salz | 1 EL Haselnussöl
Pfeffer aus der Mühle
150 g Blauschimmelkäse (z. B. Friesisch Blue, Gorgonzola oder Roquefort)

Pro Portion: ca. 325 kcal, 11 g EW, 28 g F, 7 g KH, 3 g BST

1 Vom Radicchio die äußeren Blätter entfernen und den Radicchio samt Strunk halbieren. Die Nüsse grob hacken. Die Orange heiß waschen, abtrocknen und die Schale fein abreiben, die Orange halbieren und auspressen. Den Ingwer abschaben (siehe Tipp Seite 41) und klein würfeln.

2 Die Salathälften in einer Pfanne im Öl auf jeder Seite anbraten. Nüsse, Orangensaft und -schale, Ingwer, Essig, Sternanis und etwas Salz dazugeben. Die Salathälften noch einige Minuten schmoren, sie dürfen weich werden, sollen aber nicht zerfallen. Die Pfanne vom Herd nehmen und das Nussöl dazugeben, es darf nicht mehr erhitzt werden. Den Sud mit Salz und Pfeffer abschmecken.

3 Zum Servieren je 2 Salathälften auf Tellern anrichten und mit dem Nuss-Orangen-Sud beträufeln. Den Käse in Stücke teilen und rund um den Radicchio platzieren.

PORTOBELLO-PILZE MIT ZIEGENKÄSE UND SALSA

Für 4 Personen

ZUTATEN:
4 Portobello-Pilze
1 rote Spitzpaprikaschote
1 Peperonischote
1 Stange Staudensellerie
½ Salatgurke
1 rote Zwiebel
1 Knoblauchzehe
1 haselnussgroßes Stück Ingwer
1 kleines Bund Petersilie
Salz
3 EL Olivenöl
2 ELApfel-Balsamessig
1 TL Ahornsirup
160 g Ziegenfrischkäse
2 EL geriebener Parmesan
Pfeffer aus der Mühle

Pro Portion: ca. 240 kcal, 12 g EW, 18 g F, 7 g KH, 3 g BST

1 Die Pilze putzen und, falls nötig, trocken abreiben, die Stiele vorsichtig herausdrehen. Spitzpaprika und Peperoni längs halbieren, entkernen und waschen. Sellerie und Gurke putzen und waschen, die Gurke längs vierteln und entkernen. Paprika, Sellerie und Gurke klein würfeln. Zwiebel und Knoblauch schälen und mit der Peperoni fein würfeln. Den Ingwer abschaben und fein reiben (siehe Tipp). Die Petersilie waschen, trocken tupfen und samt Stielen grob hacken.

2 Die Pilze salzen und in einer Pfanne in 1 EL Öl bei starker Hitze rundum kurz anbraten. 1 EL Essig und ½ TL Ahornsirup dazugeben, die Hitze reduzieren und die Pilze mit der Öffnung nach oben noch etwa 5 Minuten schmoren. Dann vom Herd nehmen.

3 Den Backofengrill einschalten. Den Ziegenfrischkäse glatt rühren. Die Pilze nebeneinander in eine Auflaufform setzen, mit dem Frischkäse füllen und mit dem Parmesan bestreuen. Die gefüllten Pilze unter dem Backofengrill auf der obersten Schiene maximal 1 Minute gratinieren, bis der Parmesan bräunt. Herausnehmen und sofort servieren.

4 Für die Salsa übriges Öl und übrigen Essig mit dem restlichen Ahornsirup in einer Schüssel verquirlen, mit Salz und Pfeffer abschmecken. Paprika, Sellerie, Gurke, Zwiebel, Knoblauch, Peperoni, Ingwer und Petersilie mit dem Dressing mischen und die Salsa kurz durchziehen lassen.

5 Zum Servieren die Salsa auf Teller verteilen, je 1 Portobello-Pilz darauflegen und nach Belieben mit Sprossen garnieren.

Tariks Küchentipp

Meerrettich und Ingwer sollte man am besten immer auf einer Keramik- oder Glasreibe fein raspeln – das setzt ätherische Öle schonend frei. Wer einen Flambierbrenner hat, kann die Pilzfüllung kurz mit dem Flambierbrenner gratinieren.

TOMATEN MIT RICOTTA UND SPINATSALAT

Für 4 Personen

ZUTATEN:
4 Fleischtomaten
2 ½ EL Olivenöl
1 ½ EL Apfel-Balsamessig
Salz | Pfeffer aus der Mühle
2 kleine rote Zwiebeln
2 EL Pinienkerne
je 2 Petersilien- und Basilikumstiele
250 g Ricotta
1 EL geriebener Parmesan
150 g junger Spinat

Pro Portion: ca. 250 kcal, 10 g EW, 18 g F, 10 g KH, 4 g BST

1 Den Backofen auf 80 °C (Umluft) vorheizen. Die Tomaten waschen und jeweils das obere Drittel als Deckel abschneiden. Die Kerne aus den unteren Hälften lösen und beiseitestellen. Die Tomatenhälften innen mit einigen Tropfen Olivenöl, Essig, Salz und Pfeffer würzen. Die Hälften mit der Öffnung nach oben nebeneinander auf einem Backblech verteilen und im Ofen bei leicht geöffneter Tür auf der mittleren Schiene 15 bis 20 Minuten mehr trocknen als garen.

2 Inzwischen die Zwiebeln schälen und in feine Würfel schneiden. Die Pinienkerne in einer Pfanne ohne Fett anrösten. Sobald sie zu bräunen beginnen, das übrige Öl dazugeben und die Zwiebelwürfel darin kurz andünsten. Mit übrigem Essig und je 1 Prise Salz und Pfeffer würzen, vom Herd nehmen und abkühlen lassen.

3 Die Kräuter waschen, trocken tupfen, die Blätter abzupfen und fein hacken. Den Ricotta in einer Schüssel mit den Quirlen des Handrührgeräts cremig aufschlagen. Dann Parmesan, Petersilie und Basilikum sowie die Hälfte des Pinienkern-Zwiebel-Mix unterheben und alles mit Salz und Pfeffer abschmecken.

4 Die Tomaten aus dem Ofen nehmen und etwas abkühlen lassen. Falls sich Flüssigkeit im Inneren gesammelt hat, diese zu den beiseitegestellten Tomatenkernen gießen.

5 Den Backofengrill einschalten. Die Tomaten vorsichtig mit der Ricottamasse füllen und ohne Deckel unter dem Backofengrill auf der obersten Schiene etwa 2 Minuten gratinieren, dann sofort herausnehmen.

6 Für den Salat den Spinat verlesen, waschen und trocken schleudern, dabei grobe Stiele entfernen. Für das Dressing die beiseitegestellten Tomatenkerne mit dem übrigen Pinienkern-Zwiebel-Mix mischen und alles nochmals mit Salz und Pfeffer abschmecken. Den Spinat mit dem Dressing locker mischen und marinieren.

7 Zum Servieren den Spinatsalat auf Tellern anrichten. Jeweils 1 gefüllte Tomate danebensetzen, dabei die Deckel der Tomaten wieder auf die gefüllten Tomaten legen.

Dr. Riedls Iss-besser-Tipp

Ricotta ist ein Vertreter der Molkenkäse, da er aus der Molke von Kuh- oder Schafmilch hergestellt wird. Molke fällt bei der Käseherstellung an und enthält weniger Eiweiß als die Milch selbst. Ricotta ist angenehm cremig und fettärmer als Frischkäse. Wie fast alle Milchprodukte hilft der Molkenkäse in der Low-Carb-Küche, den Eiweißgehalt hoch zu halten.

LOW-CARB-BROT MIT AUFSTRICHEN

Ein Brot kann Low Carb sein? Ja, das kann es! Das Mehl durch Gemüse, Ölsaaten, Nüsse und Quark ersetzen. Die Bindung kommt von den Eiweißen! Extra: Das Brot bleibt im Kühlschrank lange frisch, lässt sich auch geschnitten einfrieren und auftauen!

LOW-CARB-BROT

Für 1 Kastenform (ca. 11 x 29 cm; 15 Scheiben) die Form leicht einfetten. **2 Möhren** schälen, auf der Gemüsereibe fein raspeln und in eine große Rührschüssel geben. **100 g Sonnenblumenkerne** auf der Arbeitsfläche grob hacken und zu den Möhren geben. **50 g Cashewkerne** und **2 EL Haferflocken** nacheinander im Blitzhacker fein mahlen und ebenfalls zum Möhren-Mix hinzufügen. Je **50 g Leinsamen, helle Sesamsamen** und **gemahlene Mandeln** mit **300 g Magerquark, 4 Eiweißen (Größe M),** je **½ TL edelsüßem Paprikapulver** und **gemahlenem Kreuzkümmel** sowie **1 TL Salz** zu den vorbereiteten Zutaten in die Rührschüssel geben. Alles sorgfältig mit einem Teigschaber mischen. Den Teig in die Form füllen und abgedeckt etwa 20 Minuten quellen lassen. Inzwischen den Backofen auf 180 °C vorheizen. Das Brot im Ofen auf der mittleren Schiene 50 bis 60 Minuten backen. Um zu testen, ob das Brot durchgebacken ist, ein Holzstäbchen in der Mitte einstechen. Klebt beim Herausziehen kein Teig daran, ist das Brot fertig – ansonsten noch etwa 5 Minuten weiterbacken. Das Brot aus dem Ofen nehmen und auf einem Kuchengitter vollständig abkühlen lassen. Aus der Form lösen und in Scheiben schneiden.

Pro Scheibe: ca. 140 kcal, 9 g EW, 9 g F, 6 g KH, 2 g BST

WEISSE-BOHNEN-AUFSTRICH

Für 12 Portionen **6 getrocknete Tomaten** in einem kleinen Topf in Wasser kurz aufkochen. Vom Herd nehmen und die Tomaten noch etwa 5 Minuten ziehen lassen. Dann in ein Sieb abgießen, abtropfen lassen und klein hacken. **250 g weiße Bohnen (aus dem Glas)** in einem Sieb abbrausen und abtropfen lassen. **1 Knoblauchzehe** schälen und grob würfeln. **12 schwarze Oliven (ohne Stein)** hacken. **4 EL Cashewkerne** im Standmixer grob zerkleinern. Bohnen, Knoblauch, **2 EL Olivenöl, 2 TL Apfelessig, ½ TL edelsüßes Paprikapulver und ½ TL gemahlenen Kreuzkümmel** dazugeben und alles fein pürieren. Dabei bis zu **100 ml vegane Gemüsebrühe** untermischen, die Konsistenz soll streichfähig und schön cremig sein. Die Masse in eine Schüssel füllen, gehackte Tomaten, Oliven und **1 TL gehackten Thymian** unterheben. Zuletzt den Aufstrich mit **Salz** und **Pfeffer aus der Mühle** abschmecken.

Pro Portion: ca. 75 kcal,
3 g EW, 4 g F, 5 g KH, 1 g BST

SCHNITTLAUCHQUARK

Für 4 Personen **1 rote Zwiebel** und **½ Knoblauchzehe** schälen und fein würfeln. In einer Pfanne in **2 EL Olivenöl** bei mittlerer Hitze andünsten, vom Herd nehmen. **1 Bund Schnittlauch** waschen, trocken tupfen und in feine Röllchen schneiden. **200 g Magerquark** in einer Schüssel mit **1 bis 2 TL Ahornsirup** und **1 Spritzer Zitronensaft** verrühren. Dann Zwiebel und Knoblauch samt Öl aus der Pfanne sowie Schnittlauch unterheben. Mit **Salz** und **Pfeffer aus der Mühle** würzen.

Pro Portion: ca. 100 kcal,
7 g EW, 5 g F, 5 g KH, 7 g BST

MASHED AVOCADO MIT ZIEGENKÄSENOCKEN

Für 4 Personen

ZUTATEN:

1 rote Zwiebel
150 g Cocktailtomaten
½ rote Chilischote
1 Bund Basilikum
2 EL Olivenöl
Saft von 1 Zitrone
2 TL Ahornsirup
Salz | Pfeffer aus der Mühle
2 Avocados (siehe Tipp)
200 g Ziegenfrischkäse
1 EL geröstete helle Sesamsamen zum Bestreuen (siehe Tipp Seite 81)

Pro Portion: ca. 355 kcal, 11 g EW, 29 g F, 10 g KH, 5 g BST

1 Die Zwiebel schälen, längs halbieren und in feine Streifen schneiden. Die Tomaten waschen und je nach Größe halbieren oder vierteln. Die Chilischote längs halbieren, entkernen, waschen und fein hacken. Das Basilikum waschen, trocken tupfen und die Blätter abzupfen.

2 Für das Dressing Olivenöl, Zitronensaft und Ahornsirup in einer Schüssel mit Chiliwürfeln sowie je 1 Prise Salz und Pfeffer verquirlen. Dann Zwiebel und Tomaten dazugeben und im Dressing marinieren.

3 Die Avocados halbieren und den Kern jeweils entfernen. Das Fruchtfleisch aus den Schalen lösen, auf Teller verteilen und mit einer Gabel grob zerdrücken. Dann die mashed Avocados mit der Tomaten-Zwiebel-Mischung toppen.

4 Den Frischkäse mit einem Löffel cremig verrühren. Den Löffel in warmes Wasser tauchen und damit vom Frischkäse kleine Nocken abstechen. Die Avocados mit den Frischkäsenocken toppen, mit Sesamsamen bestreuen und mit Basilikum garnieren.

Tariks Küchentipp

Beim Kauf von Avocados bitte immer darauf achten, dass sie aus nachhaltigem Anbau stammen. Im Internet gibt es inzwischen eine ganze Reihe von Seiten, auf denen man zu diesem Thema Tipps erhält und die Früchte direkt beim europäischen Erzeuger kaufen kann.

EIERSALAT IM GLAS MIT FORELLENKAVIAR

Für 4 Gläser (à ca. 165 ml Inhalt)

ZUTATEN:
6 Eier (Größe M)
½ Salatgurke
Salz
½ Bund Schnittlauch
1 rote Zwiebel
60 ml Olivenöl
3 Spritzer Apfel-Balsamessig
1 TL mittelscharfer Senf
Pfeffer aus der Mühle
1 Spritzer Worcestersauce
4 TL Forellenkaviar
einige Dillspitzen zum Garnieren

Pro Portion: ca. 265 kcal, 11 g EW, 23 g F, 3 g KH, 1 g BST

1 Die Eier in kochendem Wasser etwa 6 Minuten wachsweich garen. Dann herausheben, kalt abschrecken und abkühlen lassen.

2 Die Gurke schälen, längs vierteln, entkernen und in kleine Würfel schneiden. Die Würfel in einer Schüssel leicht salzen und etwa 5 Minuten ziehen lassen, dann in einem Sieb abtropfen lassen. Den Schnittlauch waschen, trocken tupfen und in feine Röllchen schneiden. Die Zwiebel schälen, in feine Würfel schneiden und in einer Pfanne in 1 EL Öl bei mittlerer Hitze andünsten. Mit 1 Spritzer Essig beträufeln, das färbt die Zwiebeln rot. Die Pfanne vom Herd nehmen.

3 Die Eier pellen, halbieren und die Eigelbe in einen hohen Rührbecher geben. Den Senf hinzufügen und beides mit dem Stabmixer fein pürieren, dabei das übrige Olivenöl (50 ml) in einem feinen Strahl einfließen lassen. Die Mayonnaise mit übrigem Essig sowie je 1 Prise Salz und Pfeffer abschmecken.

4 Die Eiweiße grob hacken und in einer Schüssel mit den abgetropften Gurkenwürfeln, Zwiebeln und Schnittlauch mischen. Die Mayonnaise unterheben, alles mit Worcestersauce, Salz und Pfeffer abschmecken.

5 Zum Servieren den Eiersalat auf die Gläser verteilen, mit je 1 TL Forellenkaviar toppen und mit Dillspitzen garnieren.

Tariks Küchentipp

Der Eiersalat eignet sich wunderbar, um Avocadohälften damit zu füllen. Man kann ihn auch mit einem Reibekuchen aus gegarten Kartoffeln vom Vortag (resistente Stärke, siehe Seite 138) als kleines Gericht servieren.

CURRYCREMESUPPE MIT LACHSTATAR

Für 4 Personen

FÜR DIE SUPPE:
1 Zwiebel
1 Knoblauchzehe
1 walnussgroßes Stück Ingwer
½ Sellerieknolle
1 EL Olivenöl
1 EL rote Thai-Currypaste
1 TL gemahlene Kurkuma
½ l Gemüsebrühe
400 ml Kokosmilch
1 TL flüssiger Honig
Saft von 1 Limette
2 Spritzer Fischsauce
Salz | Pfeffer aus der Mühle
einige Korianderblätter zum Garnieren

FÜR DAS TATAR:
200 g Lachsfilet (Sushi-Qualität)
½ Bund Koriandergrün
2 TL geröstete helle Sesamsamen
(siehe Tipp Seite 81)
1 TL geröstetes Sesamöl
1 Spritzer Limettensaft
Salz | Pfeffer aus der Mühle

AUSSERDEM:
Anrichtering (7 cm Durchmesser)

Pro Portion: ca. 425 kcal,
14 g EW, 36 g F, 10 g KH, 4 g BST

1 Für die Suppe Zwiebel, Knoblauch und Ingwer schälen und in feine Würfel schneiden. Den Sellerie putzen, schälen und grob würfeln. Das Öl in einem Topf erhitzen und Zwiebel-, Knoblauch- und Ingwerwürfel darin bei mittlerer Hitze andünsten. Dann Currypaste und Kurkuma einrühren und kurz mitdünsten. Die Selleriewürfel, Brühe und Kokosmilch dazugeben und nach Belieben noch 1 Zitronengrasstängel und 2 Kaffir-Limettenblätter hinzufügen. Alles aufkochen und den Sellerie mit schräg aufgelegtem Deckel etwa 20 Minuten weich garen.

2 Inzwischen für das Tatar den Lachs waschen und trocken tupfen. Das Filet auf Gräten prüfen und vorhandene entfernen. Den Koriander waschen, trocken tupfen und samt Stielen fein hacken. Den Lachs in kleine Würfel schneiden und in einer Schüssel mit Koriander und Sesam mischen. Mit Sesamöl, Limettensaft, Salz und Pfeffer abschmecken.

3 Den weich gegarten Sellerie im Topf mit dem Stabmixer fein pürieren (Zitronengras und Limettenblätter ggf. vorher entfernen!). Die Suppe mit Honig, Limettensaft, Fischsauce, Salz und Pfeffer abschmecken. Zum Servieren das Lachstatar mithilfe des Anrichterings auf tiefe Tellern setzen. Suppe mit dem Stabmixer nochmals aufschäumen und dazugießen, mit Koriandergrün garnieren.

Dr. Riedls Iss-besser-Tipp

Wenig, aber dafür hochwertig – so lautet mein Rat beim Fischverzehr. Schon 50 g pro Person reichen, um in den Genuss der hochwertigen Fettsäuren zu kommen. Dafür darf es dann auch Bio-Qualität sein, mit der die Fischbestände geschont bleiben.

GURKENSUPPE MIT RÄUCHERFORELLE

Für 4 Personen

ZUTATEN:
1 Schalotte | 2 Knoblauchzehen
2 Salatgurken | 3 Dillstiele
3 EL Olivenöl
250 g griech. Joghurt (10 % Fett)
Salz | Pfeffer aus der Mühle
1 Spritzer Apfel-Balsamessig
1 – 2 TL Ahornsirup
125 g geräuchertes Forellenfilet
(ersatzweise Feta für Vegetarier)

**Pro Portion: ca. 200 kcal,
9 g EW, 15 g F, 6 g KH, 1 g BST**

1 Schalotte und Knoblauch schälen und in feine Würfel schneiden. Die Gurken schälen und samt Kernen grob würfeln. Den Dill waschen, trocken tupfen und die Spitzen abzupfen, einige zum Garnieren beiseitelegen, den Rest grob hacken

2 Die Schalotten- und Knoblauchwürfel in einer Pfanne in 1 EL Öl bei mittlerer Hitze andünsten. Dann in einen hohen Rührbecher geben und Gurkenwürfel, gehackten Dill, 200 g Joghurt sowie je 1 Prise Salz und Pfeffer hinzufügen. Alles mit dem Stabmixer fein pürieren. Die Suppe durch ein Sieb streichen und mit Essig, Ahornsirup, Salz und Pfeffer abschmecken.

3 Zum Servieren die Gurkensuppe auf Schalen oder tiefe Teller verteilen, je 1 Klecks Joghurt hineinsetzen und das gezupfte Forellenfilet darauflegen. Mit dem restlichen Öl beträufeln und mit den beiseitegelegten Dillspitzen garnieren.

ORIENTALISCHE MINESTRONE

Für 4 Personen

ZUTATEN:
2 Möhren | 2 Fenchelknollen
2 Stangen Staudensellerie | 1 Pastinake
4 Stängel Mangold | 200 g Brokkoli
1 rote Zwiebel | 2 Knoblauchzehen
2 EL Olivenöl
1 TL edelsüßes Paprikapulver
150 ml passierte Tomaten (aus dem Glas)
1 l Gemüsebrühe
Salz | Pfeffer aus der Mühle
2 EL Apfel-Balsamessig
1 haselnussgroßes Stück Ingwer
1 TL Zatar (ersatzweise Harissapulver oder Ras el-Hanout)
2–3 Thymianzweige | ½ Bund Petersilie
4 EL Parmesanspäne

Pro Portion: ca. 240 kcal, 9 g EW, 14 g F, 16 g KH, 8 g BST

1 Gemüse und Zwiebel putzen, waschen bzw. schälen und in mundgerechte Stücke schneiden. Vom Fenchel auch die Stielansätze verwenden, das Grün beiseitelegen. Knoblauch schälen und fein würfeln.

2 Das Gemüse in einem großen Topf im Öl farblos anbraten. Mit Paprika bestreuen, passierte Tomaten und Brühe dazugießen, mit Salz, nach Belieben mit Pfeffer sowie mit Essig würzen. Die Minestrone aufkochen und mit geschlossenem Deckel bei schwacher Hitze etwa 30 Minuten köcheln lassen.

3 Inzwischen den Ingwer abschaben und reiben, nach etwa 15 Minuten Garzeit mit dem Zatar unterrühren. Die Thymianzweige waschen und hinzufügen, zum Servieren wieder entfernen, Petersilie und Fenchelgrün waschen, trocken tupfen und samt Stielen fein hacken. Die Suppe auf tiefe Teller oder Schalen verteilen und mit Petersilie, Fenchelgrün und Parmesan bestreuen. Wer mag, kann noch etwas Olivenöl darüberträufeln.

CEVICHE VON DER EISMEERFORELLE

Für 4 Personen

ZUTATEN:
400 g Eismeerforellenfilets
1 Friséesalat
½ Salatgurke
1 rote Zwiebel
½ Bund Koriandergrün
½ rote Chilischote
1 Bio-Limette
½ Orange
2 EL Olivenöl
2 TL flüssiger Honig
Salz | Pfeffer aus der Mühle
8 fermentierte Radieschen (siehe Seite 103; ersatzweise frische Radieschen)

Pro Portion: ca. 200 kcal, 21 g EW, 9 g F, 7 g KH, 1 g BST

1 Den Fisch waschen und trocken tupfen, auf Gräten prüfen und vorhandene entfernen. Die Filets mit einem großen scharfen Messer im flachen Winkel (vom Schwanz zum Kopf hin) in dünne Scheiben schneiden.

2 Vom Friséesalat die äußeren grünen Blätter ablösen (anderweitig verwenden). Das innere Herz in einzelne Blätter zupfen, waschen und trocken schleudern. Die Gurke schälen, längs halbieren und entkernen. Die Hälften in kleine Würfel schneiden. Die Zwiebel schälen, halbieren und in feine Streifen schneiden. Das Koriandergrün waschen, trocken tupfen, die Blätter abzupfen und zum Garnieren beiseitelegen. Die Stiele in feine Röllchen schneiden.

3 Die Chilischote längs halbieren, entkernen, waschen und fein hacken. Die Limette heiß waschen, abtrocknen und die Hälfte der Schale fein abreiben. Dann die Limette halbieren und mit der Orange auspressen. Chili, Limettenschale, Limetten- und Orangensaft, Olivenöl und Honig mit je 1 Prise Salz und Pfeffer in einer flachen Form verrühren und die Fischscheiben darin maximal 5 Minuten marinieren.

4 Inzwischen die Radieschen in dünne Scheiben schneiden (frische Radieschen vorher putzen und waschen). Den Fisch aus der Marinade heben und auf einem Teller beiseitestellen. Die Marinade in eine Schüssel geben und mit Friséesalat, Gurke, Zwiebel und Korianderstielen mischen.

5 Zum Servieren den Salat auf Tellern aufhäufen und die Scheiben der Eismeerforelle mit den Radieschenscheiben darüber verteilen. Alles mit der restlichen Marinade beträufeln und mit den beiseitegelegten Korianderblättern garnieren.

Dr. Riedls Iss-besser-Tipp

Die Eismeerforelle ist mit Lachs und Meerforelle verwandt. Um die Bestände dieser stark nachgefragten Meeresfische zu schonen und die eigene Schwermetallbelastung zu reduzieren, können Sie auch mal Salzwasserfisch durch einen Süßwasserfisch ersetzen. Letztere enthalten zwar weniger Omega-3-Fettsäuren, ab und an ist das aber okay.

OMELETT-PIZZA MIT SERRANO-SCHINKEN

Für 4 Personen

ZUTATEN:

2 kleine rote Zwiebeln
1 kleines Bund Petersilie
2 Kugeln Büffelmozzarella (250 g)
4 EL stückige Tomaten (aus dem Glas)
Salz | Pfeffer aus der Mühle
12 Eier (Größe M)
½ EL Olivenöl
1 Spritzer Apfelessig
4 Scheiben Serrano-Schinken
1 TL Harissapulver

Pro Portion: ca. 430 kcal, 34 g EW, 30 g F, 6 g KH, 1 g BST

1 Die Zwiebeln schälen und in feine Streifen schneiden. Die Petersilie waschen, trocken tupfen und samt Stielen grob hacken. Den Mozzarella trocken tupfen und in Stücke zupfen. Die stückigen Tomaten in einer Schüssel mit Salz und Pfeffer würzen.

2 Die Eier in einer Rührschüssel mit einem Schneebesen von Hand gründlich verquirlen – jedoch nicht schaumig aufschlagen, sonst verliert das Omelett beim Braten an Volumen. Die Eier mit Salz und Pfeffer würzen. Das Öl in einer großen beschichteten Pfanne erhitzen und die Zwiebelstreifen darin bei mittlerer Hitze andünsten. Mit dem Essig ablöschen, mit Salz und Pfeffer würzen und aus der Pfanne nehmen.

3 Dann die Eiermasse in die Pfanne gießen und bei schwacher Hitze zu einem Omelett braten. Sobald die Masse zu stocken beginnt, den Tomatensugo auf der Oberfläche verteilen und mit Mozzarella und Schinken belegen. Die Pizza mit Zwiebeln und Petersilie bestreuen und mit Harissa bestäuben. Die Omelett-Pizza am besten in der Pfanne servieren und am Tisch portionieren.

Dr. Riedls Iss-besser-Tipp

Pizza und Low Carb – geht das zusammen? Ja! Der Clou an diesem Rezept besteht darin, für den Pizzaboden statt eines gebackenen Teigs mit Weizenmehl ein Omelett zu verwenden. Damit ist schon ein Großteil der Carbs verbannt, gleichzeitig sättigt der Eierboden länger. Und als Belag geht für Vegetarier natürlich auch Rucola oder Ziegenkäse.

POCHIERTE EIER MIT SALSA VERDE

Für 4 Personen

FÜR DIE SALSA VERDE:
1 rote Zwiebel
1 Knoblauchzehe
¼ Salatgurke
½ Stange Staudensellerie
1 EL Kapern (in Lake; nicht abgetropft)
je ½ Bund Petersilie, Basilikum und Schnittlauch
3 Estragonstiele
3 EL Olivenöl
1 TL Ahornsirup
Salz | Pfeffer aus der Mühle

FÜR DIE EIER:
2 EL Weißweinessig
4 Eier (Größe M)

AUSSERDEM:
1 Rezept Püree aus Knollensellerie (siehe Seite 127)

Pro Portion: ca. 400 kcal, 12 g EW, 29 g F, 15 g KH, 14 g BST

1 Für die Salsa verde Zwiebel und Knoblauch schälen und fein würfeln. Die Salatgurke schälen, längs vierteln und entkernen. Den Sellerie putzen und waschen. Gurke und Sellerie klein würfeln. Die Kapern abtropfen lassen, dabei die Lake auffangen. Petersilie, Basilikum, Schnittlauch und Estragon waschen, trocken tupfen und die Blätter samt Stielen fein hacken. Den Schnittlauch in feine Röllchen schneiden.

2 Zwiebel- und Knoblauchwürfel in einer Pfanne im Öl bei mittlerer Hitze andünsten. In einer Schüssel kurz abkühlen lassen. Gurke, Sellerie, Kapern, Kräuter, Ahornsirup und Kapernlake dazugeben und alles gut verrühren. Die Salsa verde mit Salz und Pfeffer abschmecken und beiseitestellen.

3 Für die Eier in einem großen, nicht allzu hohen Topf 1 ½ l Wasser mit dem Essig auf 80 °C erhitzen (Speisethermometer!). Die Eier nacheinander in eine Kelle aufschlagen und einzeln vorsichtig ins heiße Wasser gleiten lassen, dabei die entstehenden Eiweißfäden mit einer Gabel über die Eier ziehen. Die Eier 4 bis 5 Minuten ziehen lassen.

4 Zum Servieren das Selleriepüree rechtzeitig zubereiten oder aufwärmen und auf Teller verteilen. Mit der Salsa verde toppen und jeweils 1 pochiertes Ei darauflegen.

Dr. Riedls Iss-besser-Tipp

Eier waren lange verpönt, weil das Eigelb relativ viel Cholesterin enthält. Mittlerweile ist aber nachgewiesen, dass Cholesterin aus dem Essen die Blutspiegel kaum beeinflusst. Kritischer ist Cholesterin, das der Körper selbst bei hoher Fettzufuhr bildet.

KNACKIG, FRISCH & VEGETARISCH

Der Eiweißanteil muss nicht immer aus Fleisch und Fisch stammen: Diese Rezepte sind Low Carb und vegetarisch, einige sogar vegan. Dank eiweißreicher Produkte wie Hülsenfrüchten, Käse und Eiern unterschreiten auch sie die Kohlenhydratobergrenze. Extra: Ideen für Low-Carb-Toppings, die „normale" Gerichte auf „kohlenhydratarm" trimmen.

PILZGULASCH MIT GEMÜSERÖSTI

Für 4 Personen

FÜR DAS GULASCH:
2 Schalotten
1 Knoblauchzehe
je 250 g rosa Champignons und Kräuterseitlinge
150 g Shiitake-Pilze
150 g Strauchtomaten
1 Bund Schnittlauch
1 kleines Bund Petersilie
1 EL Olivenöl
Salz | Pfeffer aus der Mühle
300 g saure Sahne
einige Erbsensprossen zum Garnieren

FÜR DIE RÖSTI:
1 rote Zwiebel
1 Knoblauchzehe
2 Möhren
2 Pastinaken
1 TL Harissapulver
½ TL gemahlene Kurkuma
Salz | Pfeffer aus der Mühle
1–2 TL Kartoffelstärke
1 Ei (Größe M)
2 EL Olivenöl

Pro Portion: ca. 370 kcal, 11 g EW, 23 g F, 26 g KH, 10 g BST

1 Für das Gulasch Schalotten und Knoblauch schälen und fein würfeln. Alle Pilze putzen, falls nötig, trocken abreiben und grob würfeln. Dabei von den Shiitake die Stiele entfernen. Die Tomaten waschen und klein würfeln, dabei die Stielansätze entfernen. Schnittlauch und Petersilie waschen und trocken tupfen, Schnittlauch in feine Röllchen schneiden, von der Petersilie die Blätter abzupfen und fein hacken.

2 Für die Rösti Zwiebel schälen und in Streifen schneiden. Knoblauch schälen und fein würfeln. Möhren und Pastinaken putzen, schälen und auf der Gemüsereibe fein raspeln. Das Gemüse in einer Schüssel mit Harissa, Kurkuma sowie je 1 Prise Salz und Pfeffer würzen. Die Masse etwa 5 Minuten ruhen lassen. Anschließend aus der Gemüsemasse mit den Händen die Feuchtigkeit herauspressen. Kartoffelstärke und verquirltes Ei untermischen. Das Öl in einer Pfanne erhitzen und aus der Gemüsemasse darin kleine Rösti bei mittlerer Hitze auf jeder Seite 5 Minuten ausbacken. Herausnehmen und auf Küchenpapier abtropfen lassen.

3 Währenddessen für das Gulasch eine Pfanne stark erhitzen, das Öl hineingeben und die Pilze darin rundum scharf anbraten. Schalotten und Knoblauch dazugeben und kurz mitbraten, salzen und pfeffern. Tomatenwürfel und Kräuter unterheben und kurz in der Pfanne schwenken. Zuletzt die saure Sahne einrühren und leicht erhitzen, aber nicht mehr kochen lassen, da sie sonst gerinnt. Das Gulasch nochmals mit Salz und Pfeffer abschmecken.

4 Zum Servieren die Sprossen in einem Sieb heiß abbrausen und abtropfen lassen. Die Rösti auf Teller verteilen, das Pilzgulasch daraufsetzen und alles locker mit den Erbsensprossen toppen.

Dr. Riedls Iss-besser-Tipp

Sprossen sind ein echtes Power-Topping: Sie sind nicht nur besonders nährstoffreich und aromatisch, sondern machen sich auch gut als Garnitur. Wichtig: Keimlinge von Erbsen, Bohnen oder Linsen vor dem Essen etwa 2 Minuten blanchieren, um gesundheitsschädliche Stoffe wie Hämagglutinine und Enzyminhibitoren abzubauen.

SENFEIER MIT SPINAT UND SENF-CHUTNEY

Für 4 Personen

FÜR DAS SENF-CHUTNEY
75 g Senfsamen
2 rote Zwiebeln
2 EL Olivenöl
100 ml Apfel-Balsamessig
2 Sternanis
etwas flüssiger Honig | Salz

FÜR DIE SENFSAUCE
2 rote Zwiebeln
2 Knoblauchzehen
2 EL Olivenöl
100 ml Apfel-Balsamessig
1 EL flüssiger Honig
200 ml Gemüsebrühe
200 g saure Sahne
2 EL körniger Senf
Salz | Pfeffer aus der Mühle

FÜR SPINAT UND EIER:
8 Eier (Größe M)
1 rote Zwiebel
400 g Blattspinat
2 EL Olivenöl
1 EL Apfel-Balsamessig
Salz | Pfeffer aus der Mühle

Pro Portion: ca. 595 kcal, 23 g EW, 41 g F, 31 g KH, 4 g BST

1 Für das Chutney die Senfsamen in einem Sieb abbrausen und in einem Topf in etwas Wasser 2 bis 3 Minuten garen. Anschließend in ein Sieb abgießen und kurz abbrausen. Die Körner mit neuem Wasser aufsetzen, erneut in ein Sieb abgießen und abbrausen. Den Vorgang zwei- bis dreimal wiederholen. Die Körner verlieren dadurch Bitterstoffe und werden angenehm knackig.

2 Inzwischen die Zwiebeln schälen, fein würfeln und in einer Pfanne im Öl farblos andünsten. Die Senfkörner, Essig, Sternanis und Honig hinzufügen. Alles mit 1 Prise Salz würzen und bei schwacher Hitze noch einige Minuten köcheln lassen. Das Chutney sollte eine cremige Konsistenz haben.

3 Für die Senfsauce Zwiebeln und Knoblauch schälen, fein würfeln und in einem Topf im Öl farblos andünsten. Mit Essig ablöschen und den Honig unterrühren. Anschließend die Brühe dazugeben und alles aufkochen. Die Hitze reduzieren und die saure Sahne unterrühren, die Sauce nicht mehr kochen lassen. Zuletzt den körnigen Senf unterrühren und die Sauce mit Salz und Pfeffer abschmecken.

4 Die Eier kochendem Wasser 6 Minuten wachsweich garen, herausheben und kalt abschrecken. Die Zwiebel schälen und fein würfeln. Den Spinat verlesen und waschen, grobe Stiele entfernen. Das Öl in einem Topf erhitzen und die Zwiebel darin farblos andünsten. Den Essig hinzufügen. Den Spinat tropfnass dazugeben und bei schwacher Hitze wenige Minuten zusammenfallen lassen. Mit Salz und Pfeffer abschmecken.

5 Zum Servieren den Spinat auf Teller verteilen und mit dem Chutney beträufeln. Die Eier pellen, halbieren und auf den Spinat setzen. Die Senfsauce dazu reichen.

Dr. Riedls Iss-besser-Tipp

Hier steckt Senf hoch zwei drinnen – und das bedeutet auch Gesundheit hoch zwei. Nicht umsonst heißen die hilfreichen Nährstoffe Senfölglykoside, die in Senfsamen und auch in der Senfpaste stecken. Laut jüngster Studien verbessern sie den Zuckerstoffwechsel und senken die Cholesterinwerte sowie Mikroentzündungen bei Patienten mit Diabetes Typ 2.

LAUCHQUICHE MIT GREMOLATA

Für 1 kleine Springform (20 cm Durchmesser; 6 Stück)

FÜR DIE QUICHE:
Butter für die Form
250 g gemahlene Mandeln
2 Eier (Größe M)
50 g kalte Butter (in Würfeln)
Salz | Pfeffer aus der Mühle
2 Stangen Lauch
1 EL Olivenöl
½ TL Harissapulver
250 g Frischkäse (Doppelrahmstufe)

FÜR DIE GREMOLATA:
1 walnussgroßes Stück Meerrettich
½ säuerlicher Apfel
1 kleines Bund Petersilie
1 EL Olivenöl
1 Spritzer Apfel-Balsamessig
Salz | Pfeffer aus der Mühle

Pro Stück: ca. 505 kcal, 16 g EW, 45 g F, 9 g KH, 7 g BST

1 Für die Quiche den Backofen auf 180 °C vorheizen. Die Form mit Butter einfetten und mit Backpapier auslegen.

2 Mandeln, Eier und kalte Butter mit je 1 Prise Salz und Pfeffer zu einem glatten Teig verkneten. Die Form mit dem Teig auskleiden, dabei einen kleinen Rand formen. Den Boden im Ofen auf der mittleren Schiene 10 bis 15 Minuten vorbacken (siehe Tipp). Herausnehmen und auf einem Kuchengitter abkühlen lassen, den Ofen nicht ausschalten.

3 Inzwischen den Lauch putzen, waschen und den weißen bis hellgrünen Teil in dünne Ringe schneiden. Die Lauchringe in einer Pfanne im Öl bei mittlerer Hitze so lange garen, bis die Flüssigkeit fast vollständig eingekocht ist (alternativ den angedünsteten Lauch in einem Sieb abtropfen lassen), vom Herd nehmen und mit Harissa, Salz und Pfeffer würzen. Den leicht verrührten Frischkäse unterheben. Die Lauchmischung auf dem Teigboden verteilen und die Quiche im Ofen noch etwa 20 Minuten backen.

4 Währenddessen für die Gremolata den Meerrettich schälen. Den Apfel waschen, vierteln und entkernen. Beides auf der Gemüsereibe raspeln (siehe Tipp Seite 41). Die Petersilie waschen, trocken tupfen und samt Stielen fein hacken. Öl und Essig in einer Schüssel mit je 1 Prise Salz und Pfeffer verquirlen und Meerrettich, Apfel und Petersilie gleichmäßig untermischen.

5 Zum Servieren die Quiche aus dem Ofen nehmen und auf einem Kuchengitter kurz abkühlen lassen. Dann in Stücke schneiden, auf Teller verteilen und jeweils mit der Gremolata garnieren.

Tariks Küchentipp

Böden aus Mürbteig oder Blätterteig werden häufig „blind gebacken". Dabei wird der Teig mit Backpapier abgedeckt und dann je nach Rezept noch mit getrockneten Hülsenfrüchten beschwert. Der Hintergrund: Auf diese Weise bleibt der Teigboden flach, wird schön knusprig und die Füllung kann den Boden nicht so leicht durchweichen.

AUBERGINENRÖLLCHEN À LA PARMIGIANA

Für 4 Personen

ZUTATEN:
3 rote Zwiebeln
2 Knoblauchzehen
4 Auberginen
5 EL Olivenöl
1 TL Harissapulver
3 Dosen stückige Tomaten (à 400 ml)
2–3 EL Apfel-Balsamessig
Salz | Pfeffer aus der Mühle
1 TL fein gehackter Oregano
150 g geriebener Parmesan
1 Bund Rucola
je ½ Bund Basilikum und Petersilie
Saft von ½ Zitrone

Pro Portion: ca. 415 kcal, 20 g EW, 25 g F, 24 g KH, 6 g BST

1 Den Backofen auf 180 °C vorheizen. Zwiebeln und Knoblauch schälen und fein würfeln. Die Auberginen nach Belieben schälen oder waschen und längs in etwa 5 mm dünne Scheiben schneiden. 2 EL Öl in einem Topf erhitzen und die Zwiebel- und Knoblauchwürfel darin bei mittlerer Hitze andünsten. Harissa und stückige Tomaten hinzufügen, dann alles aufkochen und offen bei mittlerer Hitze etwa 20 Minuten einkochen.

2 Inzwischen eine große beschichtete Pfanne ohne Fett erhitzen und die Auberginenscheiben darin portionsweise auf jeder Seite bei mittlerer bis starker Hitze anbraten, bis das Auberginenfleisch weich wird. Mit etwas Essig beträufeln, salzen und pfeffern. Aus der Pfanne nehmen und leicht abkühlen lassen, dann längs halbieren und aufrollen.

3 Den Tomatensugo mit Oregano, nach Belieben mit 2 TL Ahornsirup, Salz und Pfeffer abschmecken. Den Sugo in einer Auflaufform (20 x 30 cm) gleichmäßig verteilen und die Auberginenröllchen aufrecht nebeneinander hineinsetzen. Die Röllchen mit Parmesan bestreuen und im Ofen auf der mittleren Schiene etwa 10 Minuten überbacken. Herausnehmen und ggf. noch warm halten.

4 Inzwischen den Rucola verlesen, waschen und trocken schleudern, dabei grobe Stiele entfernen. Den Rucola je nach Blattgröße grob zupfen. Basilikum und Petersilie waschen, trocken tupfen und die Blätter abzupfen. Für das Dressing das übrige Olivenöl mit Zitronensaft und nach Belieben 1 TL Ahornsirup verquirlen, mit Salz und Pfeffer abschmecken. Rucola- und Kräuterblätter in einer Schüssel mit dem Dressing marinieren.

5 Zum Servieren die überbackenen Auberginenröllchen auf Tellern anrichten und den Salat danebensetzen.

Dr. Riedls Iss-besser-Tipp

Parmesan zählt zu den am längsten gereiften Hartkäsen. Das bringt einige Pluspunkte mit sich: Zum einen ist die Laktose aus der Milch fast vollständig abgebaut, Parmesan wird von Personen mit Laktose-Intoleranz vertragen. Zum anderen ist der Mineralstoff Kalzium so stark konzentriert, dass Parmesan beispielsweise für die Osteoporose-Prophylaxe ideal ist.

LOW-CARB-TOPPINGS

Sie haben Lust auf Gerichte mit leichtem Kohlenhydrat-Überhang? Kein Problem! Rühren Sie doch eine der Rezepturen hier an und geben sie als Sauce oder Topping darüber. So verwandeln Sie im Handumdrehen Carb-Rezepte in Low-Carb-Knüller!

SAUCE GRIBICHE

Für 4 Personen **2 Eier (Größe M)** in kochendem Wasser etwa 6 Minuten wachsweich garen. Herausheben, kalt abschrecken und abkühlen lassen. Je **½ Bund Schnittlauch** und **Petersilie** waschen, trocken tupfen, den Schnittlauch in feine Röllchen schneiden, die Petersilienblätter abzupfen und fein hacken. **1 EL Kapern (in Lake)** abtropfen lassen und grob hacken. Die Eier pellen, halbieren und die Eigelbe in einem hohen Rührbecher mit **1 TL mittelscharfem Senf** mit dem Stabmixer fein pürieren, dabei **50 ml Olivenöl** in einem feinen Strahl einfließen lassen. Die Eiweiße grob hacken und mit Kräutern und Kapern unterheben. Die Sauce mit **1 Spritzer Apfel-Balsamessig, Salz** und **Pfeffer aus der Mühle** abschmecken. Die Sauce passt zu Waffeln (siehe Seite 86) sowie zu Roastbeef oder Tafelspitz (siehe Seiten 128 und 124).

Pro Portion: ca. 155 kcal,
4 g EW, 15 g F, 1 g KH, 1 g BST

MISO-LIMETTEN-MAYONNAISE

Für 4 Personen ½ **Bund Koriandergrün** waschen, trocken tupfen, die Blätter abzupfen und in einen hohen Rührbecher geben. **2 Eigelbe (Größe M), 2 bis 3 TL helle Misopaste, 1 TL gehackte Chilischote, 1 TL mittelscharfer Senf, 1 bis 2 TL flüssiger Honig, 1 Spritzer Limettensaft** und **1 Prise Salz** zum Koriander geben und alles mit dem Stabmixer fein pürieren. **100 ml Olivenöl** erst tröpfchenweise, dann in einem feinen Strahl einlaufen lassen. Alles hell und cremig mixen. Die Mayo mit mehr Limettensaft, **1 Spritzer salzreduzierter Sojasauce, Salz** und **Pfeffer aus der Mühle** abschmecken und bis zum Servieren kühl stellen. Damit können Fischgerichte wie das Omelett von Seite 108 oder Spitzkohl-Fisch-Rouladen von Seite 104 getoppt werden.

Pro Portion: ca. 285 kcal,
3 g EW, 29 g F, 4 g KH, 1 g BST

AVOCADO-KRÄUTER-TOPPING

Für 4 Personen in einer Schüssel den Saft von **1 Zitrone** mit **2 EL Olivenöl, 1 bis 2 TL Ahornsirup, je 1 Prise Salz** und **Pfeffer aus der Mühle** verquirlen. **2 Avocados** halbieren und den Kern entfernen, das Fruchtfleisch mit einem Löffel aus den Schalen lösen und in kleine Würfel schneiden. Leicht salzen und pfeffern, dann mit dem Dressing mischen. Je ½ **Bund Petersilie, Basilikum** und **Schnittlauch** waschen, trocken tupfen, Petersilien- und Basilikumblätter abzupfen und grob hacken, den Schnittlauch in feine Röllchen schneiden, unter den Avocado-Mix heben. Das Topping passt zu den pikanten Waffeln (siehe Seite 86), zum Ofenkabeljau (siehe Seite 108) oder statt der Speckstippe zu den Kartoffeltalern (siehe Seite 140).

Pro Portion: ca. 200 kcal,
2 g EW, 17 g F, 7 g KH, 5 g BST

TOPFENKNÖDEL MIT TOMATENSUGO

Für 4 Personen

FÜR DIE KNÖDEL:
80 g Dinkeltoastbrot
400 g Magerquark
2 Eier (Größe M)
1 EL Olivenöl
Salz | Pfeffer aus der Mühle
80 g gemahlene blanchierte Mandeln
50 g geriebener Parmesan
1 TL Kartoffelstärke

FÜR DEN SUGO:
2 Schalotten
1 Knoblauchzehe
400 g Cocktailtomaten
½ Bund Liebstöckel
3 EL Olivenöl
1 Flasche passierte Tomaten (700 ml)
1–2 TL Ahornsirup
½ TL Harissapulver
Salz | Pfeffer aus der Mühle
4 EL Parmesanspäne

Pro Portion: ca. 555 kcal, 34 g EW, 32 g F, 28 g KH, 7 g BST

1 Für die Knödel den Dinkeltoast entrinden und fein reiben. Dann mit Quark, Eiern und Öl in einer Schüssel cremig verrühren, mit Salz und Pfeffer abschmecken. Mandeln und Parmesan unterheben. Die Masse abgedeckt etwa 20 Minuten ruhen lassen.

2 Inzwischen für den Sugo Schalotten und Knoblauch schälen und fein würfeln. Die Cocktailtomaten waschen und halbieren. Den Liebstöckel waschen, trocken tupfen und die Blätter abzupfen und zum Garnieren beiseitelegen, die Stiele fein hacken. In einem Topf 1 EL Öl erhitzen und Schalotten und Knoblauch darin bei mittlerer Hitze andünsten. Mit den passierten Tomaten ablöschen und alles offen auf die Hälfte einkochen. Anschließend Cocktailtomaten, Liebstöckelstiele und Ahornsirup unterrühren und noch etwa 5 Minuten mitgaren.

3 Währenddessen für die Knödel in einem großen Topf reichlich leicht gesalzenes Wasser mit der Kartoffelstärke aufkochen (die Stärke macht das Wasser ein wenig weicher, sodass die Knödel nicht so schnell zerfallen, sondern schön kompakt bleiben). Die Knödelmasse in 8 Portionen teilen und jede Portion mit angefeuchteten Händen zu einem Knödel formen. Sobald das Wasser kocht, die Temperatur reduzieren und die Knödel in das siedende Wasser gleiten lassen. Wenn sie nach etwa 5 Minuten an die Oberfläche steigen, noch weitere 5 Minuten garen. Danach die Knödel mit einem Schaumlöffel aus dem Wasser heben und abtropfen lassen.

4 Zum Servieren den Tomatensugo mit dem übrigen Öl, Harissa, Salz und Pfeffer abschmecken. Auf tiefen Tellern jeweils etwas Tomatensugo verteilen und 2 Knödel darauflegen, mit dem Parmesan bestreuen und mit den beiseitegelegten Liebstöckelblättern garnieren.

Dr. Riedls Iss-besser-Tipp

Magerquark ist in Fitnesskreisen sehr beliebt, denn er enthält reichlich Eiweiß und wenig Fett, dabei kaum Kohlenhydrate. Außerdem zählt Quark wie Joghurt und Käse zu den milchsauer vergorenen Lebensmitteln und stärkt die Vielfalt des Mikrobioms im Darm. Wer nicht auf die Kalorien achten möchte oder muss, kann zur fetteren Variante greifen.

SPITZKOHL AUS DEM OFEN MIT CURRYSAUCE

Für 4 Personen

FÜR DIE CURRYSAUCE:
2 Möhren
2 Pastinaken
1 Zwiebel
1 Knoblauchzehe
1 Stange Lauch
1 EL Olivenöl
2 TL gelbe Thai-Currypaste
1 TL gemahlene Kurkuma
400 ml Kokosmilch
200 ml Gemüsebrühe
½ TL flüssiger Honig
1 Spritzer salzreduzierte Sojasauce
Salz | Pfeffer aus der Mühle

FÜR DEN SPITZKOHL:
2 kleine Spitzkohl
1 rote Chilischote
1 Bund Koriandergrün
2 EL Apfel-Balsamessig
2 EL Olivenöl
Salz | Pfeffer aus der Mühle
100 g Cashewkerne

Pro Portion: ca. 630 kcal, 17 g EW, 44 g F, 34 g KH, 14 g BST

1 Für die Currysauce Möhren, Pastinaken, Zwiebel und Knoblauch schälen und in kleine Würfel schneiden. Den Lauch putzen, waschen und den weißen bis hellgrünen Teil in Ringe schneiden.

2 Das Öl in einer Pfanne erhitzen und das Gemüse darin mit der Currypaste bei mittlerer Hitze andünsten. Die Kurkuma einstreuen, alles mit Kokosmilch und Brühe ablöschen und das Gemüse offen etwa 10 Minuten weich garen.

3 Für den Spitzkohl den Backofen auf 200 °C vorheizen. Vom Spitzkohl jeweils die äußeren Blätter entfernen, den Kohl längs vierteln und den harten Strunk entfernen. Die Chilischote längs halbieren, nach Belieben entkernen, waschen und in dünne Ringe schneiden. Das Koriandergrün waschen, trocken tupfen und samt Stielen grob hacken.

4 Die Spitzkohlviertel auf einem Backblech verteilen, mit den Chiliringen bestreuen, mit Essig und Öl beträufeln und mit Salz und Pfeffer würzen. Den Kohl im Ofen auf der mittleren Schiene 5 bis 10 Minuten garen, bis er zu bräunen beginnt. Dabei etwa 2 Minuten vor Ende der Garzeit die Cashewkerne auf das Blech streuen und mitrösten. Alles herausnehmen und sofort servieren.

5 Zum Servieren die Currysauce mit Honig, Sojasauce, Salz und Pfeffer abschmecken. Auf jedem Teller etwas Currysauce verteilen, zwei Spitzkohlviertel mit Cashewkernen darauflegen und mit Koriandergrün garnieren. Wer will, serviert dazu Basmati-Reis.

Dr. Riedls Iss-besser-Tipp

Ofengemüse ist eine gute Alternative zu gedünstetem Gemüse. Das Garen im Backofen erhält die Nährstoffe relativ gut und sorgt gleichzeitig für aromatische Röststoffe. So lässt sich die Akzeptanz für Gemüseküche steigern! Wichtig: Stärkehaltige Lebensmittel wie Kartoffeln stets nur bei maximal 200 °C backen, sonst entsteht krebserregendes Acrylamid.

GEFÜLLTE SPITZPAPRIKA MIT ZWEIERLEI RUCOLA

Für 4 Personen

FÜR DIE SPITZPAPRIKA:
4 rote Spitzpaprikaschoten
4 Auberginen
Salz
4 EL Olivenöl
1 Spritzer Zitronensaft
1 TL Ahornsirup
Pfeffer aus der Mühle
1 Schalotte
1 Knoblauchzehe
50 ml Apfelessig
200 ml passierte Tomaten (aus dem Glas)
1 Prise Paprikapulver
(nach Belieben edelsüß, rosenscharf oder geräuchert)
2 EL gehackter Rosmarin

FÜR DEN SALAT:
2 Bund Rucola
½ Knoblauchzehe
50 ml Olivenöl
1 TL Ahornsirup
1 Spritzer Zitronensaft
1 EL geriebener Parmesan
1 TL gemahlene Mandeln
Salz

Pro Portion: ca. 335 kcal, 8 g EW, 25 g F, 15 g KH, 7 g BST

1 Für die Spitzpaprika den Backofengrill vorheizen. Paprika und Auberginen waschen, Auberginen längs halbieren, die Schnittflächen mit einem spitzen Messer kreuzweise einritzen und leicht salzen. Paprikaschoten und Auberginenhälften (mit der Schnittfläche nach oben) auf dem Ofenrost verteilen und unter dem Backofengrill auf der obersten Schiene etwa 10 Minuten garen, bis die Haut der Paprika dunkel wird und Blasen wirft.

2 Dann die Paprika aus dem Ofen nehmen, auf einem Teller mit einem feuchten Tuch bedecken und kurz abkühlen lassen. Die Ofentemperatur auf 160 °C reduzieren und die Auberginen noch 15 bis 20 Minuten garen, bis das Fruchtfleisch weich ist. Herausnehmen und etwas abkühlen lassen.

3 Inzwischen die Paprika vorsichtig häuten, Stielansätze und Kerne entfernen. 2 EL Olivenöl, Zitronensaft und Ahornsirup in einer flachen Schale mit je 1 Prise Salz und Pfeffer verquirlen und die Paprika darin marinieren.

4 Für den Salat den Rucola verlesen, waschen und trocken schleudern, grobe Stiele entfernen. Das obere Drittel der Blätter abschneiden und beiseitelegen. Den Rest in einen hohen Rührbecher geben. Geschälten Knoblauch, Öl, Ahornsirup, Zitronensaft, Parmesan, Mandeln und ½ TL Salz hinzufügen und alles mit dem Stabmixer zu feinem Pesto pürieren.

5 Das Fruchtfleisch der Auberginen aus den Schalen kratzen und grob hacken. Schalotte und Knoblauch schälen, fein würfeln und in einer Pfanne im übrigen Öl bei mittlerer Hitze andünsten. Mit Essig ablöschen und die Flüssigkeit auf die Hälfte einkochen. Die passierten Tomaten angießen und dickflüssig einkochen. Das Auberginenhack dazugeben, mit Paprikapulver, Kapern nach Belieben, Rosmarin, Salz und Pfeffer abschmecken. Die Mischung kurz abkühlen lassen, dann in einen Spritzbeutel mit Lochtülle füllen und die Paprikaschoten damit vorsichtig füllen (den Rest der Auberginenfüllung einfach mitservieren).

6 Zum Servieren den Rucola mit der Hälfte des Rucolapestos marinieren. Auf jedem Teller 1 Klecks Rucolapesto ausstreichen und 1 gefüllte Paprikaschote darauflegen. Den Rucolasalat danebensetzen. Wer will, garniert das Ganze noch mit frittierten Kapern (siehe Seite 144).

Dr. Riedls Iss-besser-Tipp

Klein, aber oho! Die feinblättrige Rauke, auch Rucola genannt, liefert reichlich sekundäre Pflanzenstoffe, und zwar aus der Gruppe der Carotinoide. Diese sind an der Fotosynthese der Blätter beteiligt und können Krebs vorbeugen. Sie wirken außerdem antioxidativ und antientzündlich auf unseren Stoffwechsel und sind damit echte Gesundmacher.

ROTKOHL-SOMMERROLLEN MIT ZIEGENKÄSE VOM GRILL

Für 4 Personen

FÜR ROLLEN UND KÄSE:
350 g Rotkohl
2 rote Zwiebeln
2 Knoblauchzehen
1 haselnussgroßes Stück Ingwer
1 Chilischote
je 1 Bund Koriandergrün und Petersilie
Salz
½ TL zerstoßener Kreuzkümmel
abgeriebene Schale von ½ Bio-Zitrone
2 ½ EL Rotweinessig
3 EL Apfel-Balsamessig
4 EL Nussöl (z. B. Haselnussöl)
1 EL flüssiger Honig | 3 EL Olivenöl
8 Reispapierblätter
1 Handvoll Haselnusskerne
2 kleine Rollen Ziegenkäse
Pfeffer aus der Mühle

FÜR DEN DIP:
1 rote Zwiebel | 2 Knoblauchzehen
1 haselnussgroßes Stück Ingwer
2 EL Apfel-Balsamessig
3 EL salzreduzierte Sojasauce
1 EL flüssiger Honig
Saft von ½ Zitrone

Pro Portion: ca. 555 kcal, 19 g EW, 37 g F, 36 g KH, 4 g BST

1 Für die Rollen vom Kohl äußere Blätter und harten Strunk entfernen, Kohl in Streifen schneiden. Zwiebeln schälen, halbieren und in Streifen schneiden. Knoblauch und Ingwer schälen und fein würfeln. Chili längs halbieren, entkernen, waschen und fein hacken. Koriander und Petersilie waschen, trocken tupfen und samt Stielen getrennt hacken. Die Hälfte der Kräuter für Käse und Dip beiseitestellen, den Rest mit Zwiebeln, Knoblauch, Ingwer und Chili zum Rotkohl geben. Mit Salz, Kreuzkümmel und Zitronenschale würzen, beide Essigsorten, Nussöl, 1 TL Honig und 2 EL Olivenöl dazugeben. Den Rotkohl mit den Händen (Handschuhe!) kräftig durchkneten, bis er weicher wird. Den Salat beiseitestellen und durchziehen lassen.

2 Die Reisblätter einzeln kurz in warmem Wasser einweichen. Die Blätter auslegen und auf jedes Blatt mittig je nach Größe 2 bis 3 EL Rotkohlsalat geben. Die Blätter seitlich über die Füllung schlagen und vom unteren Ende her kompakt aufrollen. Die Rollen auf ein angefeuchtetes Küchentuch setzen.

3 Für den Käse die Nüsse fein hacken und mit der beiseitegestellten Petersilie auf einen flachen Teller geben. Käserollen mit übrigem Honig und Olivenöl marinieren. Dann in einer heißen Grillpfanne rundum anrösten. Dabei darauf achten, dass der Käse nicht zerläuft. Den Käse mit Pfeffer würzen und rundum im Petersilien-Nuss-Mix wälzen.

4 Für den Dip Zwiebel, Knoblauch und Ingwer schälen, fein würfeln und mit beiseitegelegtem Koriander, Essig, Sojasauce, Honig und Zitronensaft mischen.

5 Zum Servieren den Rotkohlsalat auf Tellern anrichten und je 2 Sommerrollen daraufsetzen. Den Käse in Scheiben schneiden und danebenlegen. Den Dip dazu reichen.

Dr. Riedls Iss-besser-Tipp

Rotkohl sollte durchaus öfter auf den Teller kommen, und weshalb nicht auch mal als Rohkost wie hier? Denn der rote Kopf enthält neben den typischen gesunden Kohlinhaltsstoffen (siehe Seite 82) auch reichlich Flavonoide. Diese sekundären Pflanzenstoffe können das Risiko für Herz-Kreislauf-Erkrankungen und bestimmte Krebsarten senken.

ASIA-KOHLSPAGHETTI MIT PAK CHOI UND PILZEN

Für 4 Personen

FÜR DIE KOHLSPAGHETTI:
1 Knoblauchzehe
¼ Weißkohl
2 TL Reisessig
2 EL Sesamöl
1 TL Ahornsirup
Salz | Pfeffer aus der Mühle
50 ml Gemüsebrühe

FÜR PAK CHOI UND PILZE:
4 Baby-Pak-Choi
150 g Shiitake-Pilze
1 rote Zwiebel
1 Knoblauchzehe
1 haselnussgroßes Stück Ingwer
1 rote Chilischote
2 EL Sesamöl
Saft von 1 Limette
1 EL salzreduzierte Sojasauce
1 TL flüssiger Honig
Salz | Pfeffer aus der Mühle
3 EL helle geröstete Sesamsamen (siehe Tipp)
einige Korianderblätter zum Garnieren

Pro Portion: ca. 245 kcal, 6 g EW, 16 g F, 16 g KH, 7 g BST

1 Für die Spaghetti den Knoblauch schälen und fein würfeln. Vom Weißkohl die äußeren Blätter und den harten Strunk entfernen. Den Kohl in dünne Streifen schneiden oder auf der Gemüsereibe fein hobeln. Die Streifen in einer Schüssel mit Knoblauch, Reisessig, Öl, Ahornsirup sowie je 1 guten Prise Salz und Pfeffer marinieren, dazu die Streifen mit den Händen kräftig durchkneten. Eine Pfanne ohne Fett erhitzen und die Kohlspaghetti darin kurz anbraten. Mit der Brühe ablöschen und mit geschlossenem Deckel bei schwacher Hitze etwa 10 Minuten garen.

2 Inzwischen den Pak Choi putzen, waschen und längs halbieren. Die Shiitake putzen, falls nötig, trocken abreiben und die Köpfe je nach Größe halbieren oder vierteln, die Stiele entfernen. Zwiebel, Knoblauch und Ingwer schälen. Die Zwiebel in Streifen schneiden, Knoblauch und Ingwer fein würfeln. Die Chilischote längs halbieren, nach Belieben entkernen, waschen und in dünne Ringe schneiden.

3 Das Sesamöl in einer Pfanne erhitzen und den Pak Choi darin auf der Schnittfläche kurz anbraten. Pak Choi wenden, Shiitake mit Zwiebel und Knoblauch dazugeben und mitbraten. Alles mit Limettensaft und Sojasauce ablöschen. Chili, Ingwer und Honig dazugeben und das Gemüse nochmals durchschwenken, salzen und pfeffern.

4 Zum Servieren die Kohlspaghetti in Nestern auf Tellern anrichten, je 2 Pak-Choi-Hälften hineinsetzen, die Shiitake dazugeben und mit dem Pfannensud beträufeln. Mit Sesam und Korianderblättern garnieren. Dazu passen auch gebratene Garnelen oder ein Filet von Kabeljau, Lachs oder Zander.

Tariks Küchentipp

Zum Rösten von Sesam die gewünschte Menge Sesamsamen in einer beschichteten Pfanne ohne Fett bei mittlerer Hitze 1 bis 2 Minuten schwenken, bis sie sich goldbraun färben und zu duften beginnen. Dann herausnehmen und auf einem Teller abkühlen lassen.

WEISSKOHLEINTOPF MIT KICHERERBSEN

Für 4 Personen

ZUTATEN:
2 rote Zwiebeln
1 Knoblauchzehe
1 Pastinake
1 Möhre
1 rote Chilischote
½ kleiner Weißkohl (ca. 800 g)
175 g Kichererbsen (aus dem Glas)
1 Bund Petersilie
5 EL Olivenöl
1 TL Baharat (oriental. Gewürzmischung; ersatzweise Harissapulver)
abgeriebene Schale und Saft von je 1 Bio-Orange und -Limette
½ l Tomatensaft
Salz
5 EL geröstete helle Sesamsamen (siehe Tipp Seite 81)

Pro Portion: ca. 350 kcal, 10 g EW, 21 g F, 26 g KH, 10 g BST

1 Zwiebeln, Knoblauch, Pastinake und Möhre schälen. Die Chili längs halbieren, entkernen und waschen. Alles klein würfeln. Vom Weißkohl die äußeren Blätter entfernen, den Kopf vierteln und die Viertel in feine Streifen schneiden, dabei den harten Strunk entfernen. Die Kichererbsen in einem Sieb abbrausen und abtropfen lassen. Die Petersilie waschen, trocken tupfen und die Blätter abzupfen, einige zum Garnieren beiseitelegen, den Rest fein hacken

2 Das Öl in einem großen Topf erhitzen und das Gemüse mit den Zwiebeln – bis auf Knoblauch und Chili – darin bei mittlerer Hitze kurz andünsten. Das Baharat einrühren und kurz mitrösten. Alles mit Orangen- und Limettensaft ablöschen und den Tomatensaft dazugießen. Zitrusschalen, Knoblauch- und Chiliwürfel sowie 1 TL Salz dazugeben. Alles mit geschlossenem Deckel bei mittlerer Hitze 15 bis 20 Minuten schmoren.

3 In den letzten Minuten die Kichererbsen hinzufügen und im Eintopf aufwärmen. Die gehackte Petersilie unterheben. Nach Belieben den Eintopf mit je 1 EL salzreduzierter Sojasauce und Honig abschmecken.

4 Zum Servieren den Eintopf auf tiefe Teller oder Schalen verteilen, mit den Sesamsamen bestreuen und mit der beiseitegelegten Petersilie garnieren.

Dr. Riedls Iss-besser-Tipp

Alle Kohlsorten enthalten reichlich Glucosinolate – das ist eine Gruppe der sekundären Pflanzenstoffe, die einen zu hohen Cholesterinspiegel sowie das Risiko für bestimmte Krebserkrankungen senken kann.

GAZPACHO MIT GURKENSPAGHETTI

Für 4 Personen

ZUTATEN:

3 Spitzpaprikaschoten
2 Stangen Staudensellerie
1 Salatgurke | 2 große Tomaten
1 Knoblauchzehe | 2 rote Zwiebeln
je 1 Bund Basilikum und Petersilie
1 TL edelsüßes Paprikapulver
1 ½ EL Apfel-Balsamessig | 4 EL Olivenöl
1 TL Ahornsirup | ½ l Tomatensaft
Salz | Pfeffer aus der Mühle
1 Chilischote
1 haselnussgroßes Stück Ingwer
50 g Cashewkerne
4 – 5 Cocktailtomaten

Pro Portion: ca. 265 kcal, 7 g EW, 17 g F, 18 g KH, 5 g BST

1 Die Paprikaschoten längs halbieren, entkernen und waschen. Sellerie und Gurke putzen und waschen. Paprika, Sellerie und die Hälfte der Gurke (Rest für die Spaghetti beiseitelegen) in Stücke schneiden. Tomaten waschen und grob würfeln, dabei Stielansätze entfernen. Knoblauch und Zwiebeln schälen und grob würfeln. Kräuter waschen, trocken tupfen und die Blätter abzupfen, einige zum Garnieren beiseitelegen.

2 Alle vorbereiteten Zutaten in einer Schüssel mit Paprikapulver, etwas Essig, Öl, Ahornsirup und Tomatensaft mischen. Alles etwa 30 Minuten ziehen lassen, dann im Standmixer fein pürieren. Falls die Suppe zu dick ist, noch etwas Tomatensaft dazugeben. Mit Salz und Pfeffer abschmecken, kühl stellen.

3 Inzwischen beiseitegelegte Gurke schälen und mit dem Spiralschneider in lange Streifen schneiden. Chili längs halbieren, nach Belieben entkernen, waschen und in dünne Ringe schneiden. Ingwer abschaben und fein hacken. Chili und Ingwer mit den Gurkenspaghetti mischen. Cashewkerne grob hacken und in einer Pfanne ohne Fett hell rösten. Herausnehmen und abkühlen lassen. Cocktailtomaten waschen und halbieren.

4 Zum Servieren Gazpacho auf Schalen oder tiefe Teller verteilen und mit Gurkenspaghetti, Cashews, beiseitegelegten Kräutern und Cocktailtomaten anrichten.

TOPINAMBUR MIT SPINAT UND JOGHURT

Für 4 Personen

ZUTATEN:
400 g Topinambur
2 rote Zwiebeln | 1 Knoblauchzehe
1 walnussgroßes Stück Ingwer
300 g junger Spinat
200 g griech. Joghurt (10 % Fett)
2 – 3 EL Olivenöl | 2 TL flüssiger Honig
½ TL edelsüßes Paprikapulver
Salz | Pfeffer aus der Mühle
1 – 2 Spritzer Teriyakisauce
1 Spritzer Zitronensaft
1 EL geröstete helle Sesamsamen

Pro Portion: ca. 225 kcal, 7 g EW, 13 g F, 12 g KH, 14 g BST

1 Den Topinambur mit einer Bürste unter fließendem kaltem Wasser gründlich waschen und auf der Gemüsereibe in 2 bis 3 mm dünne Scheiben hobeln. Zwiebeln, Knoblauch und Ingwer schälen. Zwiebeln längs halbieren und in Streifen schneiden. Knoblauch fein würfeln. Ingwer fein reiben. Spinat verlesen, waschen und trocken schleudern, dabei grobe Stiele entfernen.

2 Für den Dip Joghurt, 2 TL Öl, 1 TL Honig und Paprikapulver in einer Schüssel cremig verrühren. Mit Salz und Pfeffer würzen.

3 Topinambur in einer großen Pfanne im übrigen Öl bei mittlerer Hitze anbraten. Sobald er bräunt, Zwiebel, Knoblauch und Ingwer dazugeben und mitbraten. Spinat hinzufügen und kurz zusammenfallen lassen. Alles mit übrigem Honig, Teriyakisauce, Zitronensaft, Salz und Pfeffer abschmecken.

4 Zum Servieren Topinambur-Spinat-Mix in Bowls (Schalen) oder tiefen Tellern anrichten und mit den Sesamsamen bestreuen. Den Joghurtdip dazu reichen.

PIKANTE WAFFELN MIT MANDELN UND QUARK

Für 4 Personen

FÜR DIE WAFFELN:
1 Knoblauchzehe
1–2 Rosmarinzweige
4 Eier (Größe M)
300 g Magerquark
100 g gemahlene blanchierte Mandeln
1–2 TL Backpulver
½ TL edelsüßes Paprikapulver
½ TL gemahlener Kreuzkümmel
Salz | Pfeffer aus der Mühle
Öl für das Waffeleisen

AUSSERDEM:
1 Rezept Schnittlauchquark (siehe Seite 45)
1 Rezept Avocado-Kräuter-Topping (siehe Seite 71)

Pro Portion: ca. 680 kcal, 29 g EW, 56 g F, 14 g KH, 8 g BST

1 Den Knoblauch schälen und fein reiben. Den Rosmarin waschen, trocken tupfen, die Nadeln abzupfen und fein hacken. Die Eier in einer Rührschüssel mit den Quirlen des Handrührgeräts schaumig aufschlagen. Den Quark in einer zweiten Schüssel verrühren.

2 Anschließend die Eier und den Quark vorsichtig mischen. Danach Mandeln, Backpulver, Knoblauch, Rosmarin, Paprikapulver und Kreuzkümmel mit einem Teigschaber vorsichtig unterheben. Den Teig mit Salz und Pfeffer abschmecken und bei Zimmertemperatur abgedeckt beiseitestellen.

3 Zum Ausbacken ein Herzwaffeleisen erhitzen und beide Flächen mit Öl leicht einfetten (Achtung, im belgischen Waffeleisen bleibt der Teig leicht kleben!). Den Teig nochmals gründlich durchrühren und kellenweise im heißen Waffeleisen zu etwa 5 Waffeln ausbacken. Die fertigen Waffeln herausnehmen und auf einem Kuchengitter abkühlen lassen.

4 Schnittlauchquark und Avocado-Kräuter-Topping rechtzeitig zubereiten. Zum Servieren die Waffeln auf Teller setzen. Schnittlauchquark und Avocado-Kräuter-Topping daraufsetzen und mit Pfeffer würzen.

Dr. Riedls Iss-besser-Tipp

Auch bei den Waffeln ersetzen gemahlene Mandeln das Weizenmehl im Teig. Anders als das (teil-)entölte Mandelmehl enthalten gemahlene Mandeln jedoch noch ihr gesamtes Öl und liefern damit das volle Spektrum an hochwertigen Fettsäuren.

MIT FISCH &
MEERESFRÜCHTEN
Bei dem Thema ist Low Carb keine Schwierigkeit? Eigentlich nicht, aber auf Beilagen zu Fisch und Meeresfrüchten wollen wir trotzdem nicht verzichten. Lassen Sie sich überraschen, was man Makrele, Kabeljau und Co. alles an die Seite stellen kann! Für alle Einmachfans erklärt Tarik außerdem, wie man Weißkohl oder Radieschen fermentiert.

KABELJAU IN EIHÜLLE MIT SCHMANDSPINAT

Für 4 Personen

FÜR DEN KABELJAU:
4 Kabeljaufilets
(à ca. 120 g)
Salz
4 – 5 EL gemahlene Mandeln
2 Eier (Größe M)
50 g geriebener Parmesan
Pfeffer aus der Mühle
1 EL mittelscharfer Senf
2 EL Olivenöl
einige Bio-Zitronenscheiben
zum Garnieren

FÜR DEN SPINAT:
2 rote Zwiebeln
1 Knoblauchzehe
500 g Blattspinat
3 Strauchtomaten
1 EL Olivenöl
50 ml Gemüsebrühe
150 g Schmand
1 TL mittelscharfer Senf
je 1 Spritzer Ahornsirup und Zitronensaft
Salz | Pfeffer aus der Mühle

**Pro Portion: ca. 485 kcal,
37 g EW, 33 g F, 7 g KH, 5 g BST**

1 Für den Kabeljau die Fischfilets waschen und trocken tupfen. Dann rundum mit Salz kräftig einreiben und etwa 10 Minuten ruhen lassen (siehe Tipp Seite 93).

2 Für den Spinat Zwiebeln und Knoblauch schälen. Die Zwiebeln in Streifen, den Knoblauch in feine Würfel schneiden. Den Spinat verlesen und waschen, dabei grobe Stiele entfernen. Den Spinat grob hacken. Die Tomaten waschen und klein würfeln, dabei die Stielansätze entfernen.

3 Das Öl in einem Topf erhitzen und Zwiebeln und Knoblauch darin bei mittlerer Hitze andünsten. Den Spinat dazugeben, die Brühe angießen und den Spinat mit geschlossenem Deckel kurz zusammenfallen lassen. Tomatenwürfel, Schmand und Senf unterheben. Den Spinat-Mix mit Ahornsirup, Zitronensaft, Salz und Pfeffer abschmecken.

4 Zum Panieren die Mandeln in einen tiefen Teller geben. Die Eier in einem tiefen Teller mit einer Gabel verquirlen, den Parmesan unterheben und mit Salz und Pfeffer würzen. Die Fischfilets mit etwas Pfeffer würzen und mit Senf bestreichen, erst in den Mandeln wenden, dann durch die Eier-Parmesan-Mischung ziehen.

5 Das Öl in einer Pfanne erhitzen und die Fischstücke darin bei mittlerer Hitze auf jeder Seite je nach Dicke 3 bis 5 Minuten braten. Herausnehmen und auf Küchenpapier abtropfen lassen.

6 Zum Servieren auf jedem Teller ein Bett aus Schmandspinat anrichten, ein Fischstück darauflegen, mit Pfeffer bestreuen und mit den Zitronenscheiben garnieren.

Dr. Riedls Iss-besser-Tipp

Fette Salzwasserfische wie Lachs, Makrele oder Hering bieten uns neben Aroma auch Gesundheitsschutz. Denn die enthaltenen Omega-3-Fettsäuren reduzieren die Blutfettwerte sowie den Blutdruck und schützen unser Herz damit vor einem Infarkt. Weiterhin dämmen die hochwertigen Fettsäuren gefährliche Mikroentzündungen im Körper ein.

GRÜNKOHL-CURRY MIT GEBRATENEM KABELJAU

Für 4 Personen

ZUTATEN:
4 Kabeljaufilets
(à 150 – 200 g; mit Haut)
Salz
300 g Grünkohl
1 kleine Möhre
1 kleine Petersilienwurzel
1 kleine Pastinake
2 Schalotten
(ersatzweise rote Zwiebeln)
2 Knoblauchzehen
je 1 Bio-Orange und -Zitrone
1 Bund Koriandergrün
3 EL Olivenöl
2 EL rote oder gelbe Thai-Currypaste
¼ l Kokosmilch
¼ l Gemüsebrühe
3 Kaffir-Limettenblätter
1 EL flüssiger Honig
Pfeffer aus der Mühle
2 EL geröstete helle Sesamsamen
(siehe Tipp Seite 82)

**Pro Portion: ca. 480 kcal,
37 g EW, 27 g F, 18 g KH, 5 g BST**

1 Etwa 10 Minuten vor der Zubereitung die Fischfilets waschen und trocken tupfen, auf Gräten prüfen und vorhandene entfernen. Fisch salzen und ziehen lassen (siehe Tipp).

2 Inzwischen den Grünkohl putzen, waschen und in mundgerechte Stücke zupfen. In kochendem Salzwasser 3 bis 4 Minuten blanchieren. In ein Sieb abgießen, eiskalt abschrecken, die Flüssigkeit gut ausdrücken und den Grünkohl beiseitestellen.

3 Möhre, Petersilienwurzel, Pastinake, Schalotten und Knoblauch schälen und in kleine Würfel schneiden. Die Zitrusfrüchte heiß waschen, abtrocknen und die Schale fein abreiben, dann die Zitrusfrüchte halbieren und auspressen. Den Koriander waschen, trocken tupfen, die Blätter abzupfen und einige zum Garnieren beiseitelegen, den Rest fein hacken.

4 In einem großen Topf 2 EL Öl erhitzen und Wurzelgemüse und Schalotten darin andünsten. Currypaste und Knoblauch hinzufügen und untermischen. Kokosmilch und Brühe dazugeben. Zitronen- und Orangensaft sowie Kaffir-Limettenblätter hinzufügen. Alles etwas salzen, mit Honig süßen und offen bei schwacher Hitze etwa 10 Minuten köcheln lassen. Den blanchierten Grünkohl hinzufügen und untermischen. Das Curry nochmals 10 Minuten köcheln lassen, dann mit Salz und Pfeffer abschmecken und den gehackten Koriander unterheben.

5 Währenddessen das übrige Öl in einer Pfanne erhitzen und die Fischfilets darin auf der Hautseite 2 bis 4 Minuten braten, bis nur noch der obere Fleischbereich glasig ist. Wenden und auf der Fleischseite kurz anbraten. Während der Bratzeit den Sud aus der Pfanne mit einem Löffel immer wieder über die Filets geben.

6 Zum Servieren das Curry auf tiefe Teller verteilen und jeweils 1 gebratenes Fischfilet darauflegen. Alles mit Sesam und beiseitegelegten Korianderblättern garnieren.

Tariks Küchentipp

Salzt man Fischfilet etwa 10 Minuten vor der weiteren Verarbeitung, wird es in seiner Struktur etwas fester. Damit fällt das Fischfleisch beim Garen wie hier in der Suppe nicht so leicht in Lamellen auseinander.

FISCHSUPPE ASIA-STYLE

Für 4 Personen

ZUTATEN:

2–3 Möhren | 2 rote Zwiebeln
1 walnussgroßes Stück Ingwer
1 Knoblauchzehe | 1 Stange Lauch
200 g braune Champignons
2 Baby-Pak-Choi
600 g Fischfilets (z. B. Kabeljau, Lachs, Wolfsbarsch, Schellfisch)
Salz | 2 EL Olivenöl
1 EL rote Thai-Currypaste
400 ml Kokosmilch
400 ml Gemüsebrühe
1–2 EL salzreduzierte Sojasauce
2–3 Spritzer Fischsauce
1 EL flüssiger Honig | Saft von 1 Limette
4 EL gehacktes Koriandergrün
2 EL geröstete helle Sesamsamen

Pro Portion: ca. 515 kcal, 35 g EW, 34 g F, 17 g KH, 6 g BST

1 Möhren, Zwiebeln, Ingwer und Knoblauch schälen. Möhren und Zwiebeln separat in Streifen, Ingwer und Knoblauch in feine Würfel schneiden. Lauch putzen, waschen, weißen bis hellgrünen Teil in Ringe schneiden. Pilze putzen, falls nötig, trocken abreiben und halbieren oder vierteln. Pak Choi putzen, waschen und längs vierteln.

2 Fisch waschen und trocken tupfen, auf Gräten prüfen und vorhandene entfernen. Fisch in grobe Stücke schneiden und leicht salzen. Möhren in einem großen Topf im Öl bei mittlerer Hitze 1 bis 2 Minuten andünsten. Zwiebeln dazugeben und 1 Minute mitdünsten. Lauch, Knoblauch, Ingwer und Currypaste einrühren und 1 Minute mitbraten. Alles mit Kokosmilch und Brühe ablöschen, aufkochen und mit Soja-, Fischsauce, Honig, etwas Limettensaft und Salz abschmecken.

3 Pilze hinzufügen, Pak Choi und Fisch auf die Suppe legen. Die Hitze reduzieren und den Fisch mit geschlossenem Deckel bei schwacher Hitze noch 3 bis 5 Minuten garen. Zum Servieren die Suppe samt Fisch auf tiefe Teller verteilen, mit Limettensaft beträufeln und mit Koriander und Sesam bestreuen.

FISCHFILET À LA BORDELAISE

Für 4 Personen

ZUTATEN:

4 Fischfilets (à ca. 140 g; mit Haut; z. B. Zander, Wolfsbarsch, Lachs, Kabeljau)
1–2 EL mittelscharfer Senf
Salz | Pfeffer aus der Mühle
1 Schalotte | 2 Knoblauchzehen
je ½ Bund Petersilie, Thymian und Estragon
200 g gemahlene blanchierte Mandeln
½ TL edelsüßes Paprikapulver
50 g kalte Butter (in Flocken)
2 Stangen Lauch | 2 rotschalige Äpfel
2 EL Olivenöl | 2 EL Apfel-Balsamessig
1–2 TL Ahornsirup
1 EL frisch geriebener Meerrettich

Pro Portion: ca. 655 kcal, 42 g EW, 44 g F, 20 g KH, 9 g BST

1 Für den Fisch den Backofen auf 180 °C vorheizen. Ein Backblech mit Backpapier belegen. Den Fisch waschen und trocken tupfen, auf Gräten prüfen und vorhandene entfernen. Den Fisch auf der Fleischseite mit Senf bestreichen, salzen und pfeffern. Die Filets nebeneinander auf das Blech setzen.

2 Schalotte und Knoblauch schälen und fein würfeln. Petersilie, Thymian und Estragon waschen, trocken tupfen, Blätter abzupfen und fein hacken. Schalotte, Knoblauch und Kräuter in einer Schüssel mit Mandeln, Paprikapulver, je 1 kräftigen Prise Salz und Pfeffer mischen. Die Masse auf den Fischfilets verteilen und mit den Butterflocken belegen. Den Fisch im Ofen auf der mittleren Schiene etwa 10 Minuten garen. Herausnehmen und ggf. warm halten.

3 Inzwischen den Lauch putzen, waschen, weißen bis hellgrünen Teil in Ringe schneiden. Äpfel waschen, vierteln, entkernen und in Spalten schneiden. Lauch in einer Pfanne in 1 EL Öl weich dünsten. Apfel dazugeben und etwa 3 Minuten mitdünsten. Alles mit Essig, Ahornsirup, übrigem Öl, Salz und Pfeffer abschmecken. Zum Servieren das Lauchgemüse mit dem Fisch auf Tellern anrichten und mit Meerrettich bestreuen.

ZANDERFILET MIT ESTRAGONPESTO

Für 4 Personen

FÜR DAS ESTRAGONPESTO:
je ½ Bund Petersilie und Estragon
2 EL geriebener Parmesan
1 EL gemahlene Haselnusskerne
100 ml Olivenöl
Salz | Pfeffer aus der Mühle

FÜR DAS ZANDERFILET:
4 Zanderfilets
(à ca. 140 g; mit Haut)
Salz
1 Thymianzweig
2 EL Olivenöl
1 Knoblauchzehe
Pfeffer aus der Mühle

AUSSERDEM:
1 Rezept Blumenkohl aus dem Ofen
(siehe Seite 127)

Pro Portion: ca. 680 kcal, 35 g EW, 55 g F, 8 g KH, 7 g BST

1 Für das Pesto Petersilie und Estragon waschen und trocken tupfen, die Blätter abzupfen und in einen hohen Rührbecher geben – dabei jeweils einige schöne Blätter zum Garnieren beiseitelegen. Parmesan, Haselnüsse und Olivenöl dazugeben und alles mit dem Stabmixer zu einem feinen Pesto pürieren. Mit Salz und Pfeffer abschmecken und beiseitestellen.

2 Währenddessen für den Zander den Fisch waschen und trocken tupfen, auf der Fleischseite leicht salzen und auf der Hautseite mehrmals einschneiden. Den Thymian waschen und trocken tupfen. Das Öl in einer Pfanne erhitzen und die Filets darin erst auf der Hautseite 2 bis 3 Minuten braten. Dabei die Fischfilets mit einer Palette nach unten drücken, damit sie sich nicht zusammenziehen. Dann die Fischfilets auf der Fleischseite mit Pfeffer würzen, wenden und bei schwacher Hitze kurz nachziehen lassen, dabei den leicht angedrückten Knoblauch und den Thymianzweig zum Aromatisieren mit in die Pfanne geben.

3 Den Blumenkohl rechtzeitig zubereiten. Zum Servieren auf jeden Teller einen Klecks Estragonpesto geben und einige Blumenkohlscheiben daraufsetzen. Fisch darauflegen, mit Pfeffer bestreuen und mit beiseitegelegter Petersilie und Estragon garnieren.

Dr. Riedls Iss-besser-Tipp

Olivenöl ist ein Klassiker der mediterranen Küche. Wer jeden Tag 1 bis 2 Teelöffel davon aufnimmt, kann sein Risiko für Darm- und Brustkrebs senken. Verantwortlich für diesen Schutz ist das Polyphenol Oleocanthal, das Krebszellen angreift.

SPARGEL-GARNELEN-FRIKASSEE MIT KRÄUTERÖL

Für 4 Personen

FÜR DAS KRÄUTERÖL:
2 Bund gemischte Kräuter
(z. B. Basilikum, Estragon, Petersilie)
½ Knoblauchzehe
150 ml Olivenöl
Salz | Pfeffer aus der Mühle

FÜR DAS FRIKASSEE:
2 Schalotten
2 Knoblauchzehen
1 Möhre
1 Stange Lauch
je 1 Bund weißer und grüner Spargel
(à ca. 500 g)
250 g rosa Champignons
200 g Cocktailtomaten
2 EL Olivenöl
12 Garnelen (Größe 8/12;
ohne Kopf, mit Schale, entdarmt)
300 g saure Sahne
1 Spritzer Ahornsirup
1 Spritzer Zitronensaft
Salz | Pfeffer aus der Mühle
etwas Kresse zum Garnieren

**Pro Portion: ca. 550 kcal,
32 g EW, 40 g F, 14 g KH, 6 g BST**

1 Für das Öl die Kräuter waschen, trocken tupfen und die Blätter abzupfen. Den Knoblauch schälen. Kräuter und Knoblauch in einem hohen Rührbecher mit dem Öl, ½ TL Salz sowie 1 Prise Pfeffer mit dem Stabmixer cremig pürieren. Beiseitestellen.

2 Für das Frikassee Schalotten, Knoblauch und Möhre schälen. Schalotten, 1 Knoblauchzehe und Möhre klein würfeln. Lauch putzen, waschen und den weißen bis hellgrünen Teil in Ringe schneiden. Beide Spargelsorten waschen, den weißen ganz, den grünen nur im unteren Drittel schälen. Von allen Stangen die holzigen Enden abschneiden und die Stangen separat schräg in mundgerechte Stücke schneiden. Pilze putzen, falls nötig, trocken abreiben und je nach Größe halbieren oder vierteln. Die Tomaten waschen und halbieren.

3 In einer Pfanne 1 EL Öl erhitzen und Schalotten- und Knoblauchwürfel, Möhre und Lauch darin bei mittlerer Hitze andünsten. Sobald das Gemüse gut bissfest ist, den weißen Spargel dazugeben und etwa 2 Minuten mitbraten. Anschließend den grünen Spargel und die Pilze dazugeben und 2 bis 3 Minuten mitbraten.

4 Die Garnelen waschen und trocken tupfen. Das übrige Öl in einer weiteren Pfanne erhitzen und die Garnelen darin mit der restlichen, leicht angedrückten Knoblauchzehe bei mittlerer bis starker Hitze 1 bis 2 Minuten braten.

5 Die Tomatenhälften unter den Spargel heben und alles nochmals durchschwenken. Die saure Sahne unterrühren und das Frikassee nochmals erhitzen, aber nicht mehr kochen, da die Sahne sonst gerinnt. Das Frikassee mit Ahornsirup, Zitronensaft, Salz und Pfeffer abschmecken.

6 Zum Servieren die Kresse ggf. noch vom Beet schneiden, waschen und trocken tupfen. Das Frikassee auf tiefen Tellern anrichten und die Garnelen darauflegen. Alles mit etwas Kräuteröl (Rest anderweitig verwenden) beträufeln und mit Kresse garnieren.

Dr. Riedls Iss-besser-Tipp

Weißer Spargel gilt zu Recht als entwässernd, spült er doch Nieren und Blase im Frühjahr durch. Daneben hilft er dank seiner sekundären Pflanzenstoffe wie der Flavonoide Isorhamnetin und Quercetin, stille Entzündungen im Körper zu bremsen, die uns gefährlich werden können.

MAKRELE MIT SAUERKRAUT UND GRAUPENSALAT

Für 4 Personen

ZUTATEN:
150 g Graupen
¾ l Gemüsebrühe
1 Pastinake
1 Zwiebel
1 Knoblauchzehe
100 g Pilze (z. B. Champignons oder Austernpilze)
2 ½ EL Olivenöl
400 g frisch fermentiertes Sauerkraut (siehe Seite 102; ersatzweise Bio-Sauerkraut)
1 TL helle Misopaste
1 Handvoll helle Weintrauben
50 g Haselnusskerne
3 Dillstiele
2 Petersilienstiele
je 1 Kerbel- und Basilikumstiel
1 EL Apfel-Balsamessig
Salz | Pfeffer aus der Mühle
4 Makrelenfilets (à ca. 100 g; mit Haut; ersatzweise Zanderfilets)

Pro Portion: ca. 550 kcal, 28 g EW, 31 g F, 35 g KH, 7 g BST

1 Die Graupen in einem Topf mit geschlossenem Deckel in ½ l Brühe bei schwacher Hitze etwa 30 Minuten weich garen, abgießen und beiseitestellen. Währenddessen Pastinake und Zwiebel schälen und in kleine Stücke schneiden. Den Knoblauch schälen und fein würfeln. Die Pilze putzen, falls nötig, trocken abreiben und in Streifen schneiden.

2 In einem Topf 2 EL Öl erhitzen und Pastinake, Zwiebel und Knoblauch darin farblos andünsten. Das Sauerkraut in die Pfanne geben, restliche Brühe und Pilze hinzufügen und alles noch etwa 10 Minuten köcheln lassen. Dann die Misopaste unterrühren, die Sauerkrautbouillon lauwarm halten.

3 Die Weintrauben waschen und halbieren. Die Haselnüsse grob hacken. Beides mit den gegarten Graupen in einer Schüssel mischen. Die Kräuter waschen, trocken tupfen und die Blätter bzw. Spitzen abzupfen. Einige Dillspitzen zum Garnieren beiseitelegen, die übrigen Kräuter fein hacken und ebenfalls in die Schüssel geben. Den Graupensalat mit Essig, Salz und Pfeffer würzen.

4 Die Makrelenfilets waschen und trocken tupfen, auf Gräten prüfen und vorhandene entfernen. Die Filets salzen und mit dem übrigen Öl bestreichen. Eine Pfanne ohne Fett erhitzen und die Filets darin auf der Hautseite anbraten. Dabei etwas andrücken, damit der Fisch auf der Haut gleichmäßig garen kann. Sobald der Fisch fast durchgegart ist, wenden und nach wenigen Sekunden aus der Pfanne nehmen.

5 Zum Servieren die Sauerkrautbouillon und den lauwarmen Graupensalat auf tiefe Teller verteilen. Das Makrelenfilet darauflegen und mit den beiseitegelegten Dillspitzen garnieren.

Dr. Riedls Iss-besser-Tipp

Um ausreichend mit den extra gesunden Omega-3-Fettsäuren DHA und EPA versorgt zu sein, empfehlen uns Ernährungsexperten den Verzehr von fetten Meeresfischen. Vegetarier und Veganer können sich alternativ mit Algen oder den neuen Algen(öl)-produkten helfen: Diese werden aus Mikroalgen gewonnen, die in speziellen Zuchtanlagen wachsen.

FERMENTIEREN LEICHT GEMACHT

Selbst einkochen liegt im Trend! Und gesund ist es außerdem, weil beim Fermentieren Milchsäurebakterien in großen Mengen entstehen, die unsere Darmflora stärken. Sauerkraut ist der Klassiker, fermentierte Radieschen die moderne Version.

SAUERKRAUT EINLEGEN

Für 1 Glas (ca. 1 l Inhalt; 6 Portionen) von **1 Weißkohl (ca. 1,2 kg)** die äußeren Blätter entfernen (dabei 1 schönes Blatt beiseitelegen). Kohl vierteln und den harten Strunk entfernen. Kohlviertel in feine Streifen schneiden oder auf der Gemüsereibe fein hobeln. Dann abwiegen, in einer breiten Schüssel mit etwa **20 g Salz (2 % des Kohlgewichts)** bestreuen. Einige Minuten kräftig kneten, bis der Kohl geschmeidig wird und reichlich Wasser austritt. Nach Belieben mit 1 TL ganzem Kümmel, 4 Wacholderbeeren und 2 Lorbeerblättern würzen. 1 sterilisiertes Vorratsglas mit Gummidichtung und Klemmen (ersatzweise Fermentationsglas) heiß ausspülen und das Kraut einschichten. Dabei fest in das Glas drücken, damit keine Lufträume entstehen und die Lake über dem Kraut steht. Das Glas sollte nur zu drei Viertel gefüllt sein. Aus dem beiseitegelegten Kohlblatt einen runden Deckel in Größe des Glasdurchmessers schneiden und auf den Kohl legen. Falls nötig, mit einem sauberen Gewicht (z. B. einem kleinen Glasdeckel oder Stein) beschweren. Das Glas verschließen (mit Gummiring und Klemmen) und das Sauerkraut bei mittlerer Zimmertemperatur 4 bis 8 Tage fermentieren. Danach an einem kühlen, dunklen Ort aufbewahren, am besten im Kühlschrank. Durch die Kälte wird die Fermentation verlangsamt und schließlich gestoppt – zu langes Fermentieren macht das Kraut zu sauer. Das Kraut ist nun verzehrbereit, lässt sich aber auch noch gut lagern (3–4 Monate).

Pro Portion: ca. 45 kcal,
2 g EW, 0 g F, 7 g KH, 5 g BST

FERMENTIERTE RADIESCHEN

Für 1 Glas (ca. 600 ml Inhalt; 4 kleine Portionen)
1 Schalotte schälen und fein würfeln. **2 Bund Radieschen** putzen, waschen, dabei Blatt- und Wurzelansätze knapp entfernen. Eine 2 %ige Salzlake herstellen (dazu **10 g Salz** in ½ l kaltem Wasser auflösen). 1 sterilisiertes Vorratsglas mit Gummidichtung und Klemmen (ersatzweise Fermentationsglas) heiß ausspülen und Radieschen mit Schalotte, **2 TL Senfsamen, 1 TL schwarzen Pfefferkörnern** und **1 Lorbeerblatt** einschichten. So viel Salzlake dazugießen, dass die Radieschen gut bedeckt sind. Falls sie im Glas aufschwimmen, mit einer kleinen Glasschale beschweren. Das Glas verschließen (mit Gummiring und Klemmen) und die Radieschen an einem kühlen, dunklen Ort etwa 7 Tage ruhen lassen, danach im Kühlschrank aufbewahren. Beim Öffnen des Glases Vorsicht walten lassen, weil sich im Innern Gase bilden können. Diese Gefahr besteht bei der Benutzung von Fermentationsgläsern nicht.
Tipp: Dies ist die Menge für eine kleine Probierportion. Ansonsten direkt die vier- oder fünffache Menge herstellen.

Pro Portion: ca. 10 kcal,
1 g EW, 0 g F, 1 g KH, 1 g BST

SPITZKOHL-FISCH-ROULADEN MIT KRÄUTERN

Für 4 Personen

FÜR ROULADEN UND GEMÜSE:

1 rote Zwiebel
1 Knoblauchzehe
3 EL Olivenöl
1 EL Apfelessig
600 ml stückige Tomaten (aus dem Glas)
2 TL Ahornsirup
1 TL gemahlener Kreuzkümmel
2 TL edelsüßes Paprikapulver
Salz | Pfeffer aus der Mühle
2 kleine Spitzkohl
1 walnussgroßes Stück Ingwer
4 Strauchtomaten
4 Schellfischstücke (à ca. 140 g)

FÜR DEN PETERSILIENSALAT:

1 Bund Petersilie
1 EL Olivenöl
1 Spritzer Zitronensaft
Salz | Pfeffer aus der Mühle

Pro Portion: ca. 380 kcal, 36 g EW, 12 g F, 24 g KH, 11 g BST

1 Für Roulade und Gemüse den Backofen auf 180 °C vorheizen. Zwiebel und Knoblauch schälen, Zwiebel in Streifen, Knoblauch in feine Würfel schneiden. Beides in einem Topf in 1 EL Öl bei mittlerer Hitze andünsten. Mit Essig und stückigen Tomaten ablöschen, mit Ahornsirup, Kreuzkümmel, Paprikapulver sowie je 1 Prise Salz und Pfeffer würzen. Die Tomaten offen bei mittlerer Hitze 10 bis 15 Minuten köcheln lassen.

2 Inzwischen vom Spitzkohl die äußeren Blätter entfernen. 8 schöne große Blätter von den Köpfen lösen und auf einem Backblech verteilen, jeweils mit 1 Tropfen Olivenöl leicht benetzen, salzen und pfeffern. Die Blätter im Ofen auf der mittleren Schiene etwa 2 Minuten garen. Herausnehmen und abkühlen lassen, den Backofen nicht ausschalten.

3 Beide Spitzkohlreste vierteln, den harten Strunk entfernen und den Kohl in feine Streifen schneiden. Ingwer abschaben und fein würfeln. Tomaten waschen und halbieren, dabei die Stielansätze entfernen. Den Fisch waschen und trocken tupfen, auf Gräten prüfen und vorhandene entfernen, salzen und pfeffern. Je 2 gegarte Spitzkohlblätter leicht überlappend auf der Arbeitsfläche auslegen und 1 Fischstück am unteren Rand mittig darauflegen. Die Blattränder zur Mitte hin einschlagen und das Kohlblatt von unten nach oben samt Fisch kompakt aufrollen.

4 Das übrige Öl in einem Bräter erhitzen und die Kohlstreifen darin andünsten. Den Ingwer unterheben, salzen und pfeffern. Den Tomatensugo nochmals abschmecken und auf dem Spitzkohl verteilen. Die Rouladen darauflegen, die Tomatenhälften rundum verteilen und alles im Ofen auf der mittleren Schiene etwa 10 Minuten garen.

5 Inzwischen für den Salat die Petersilie waschen, trocken tupfen, Blätter abzupfen und grob hacken. Öl, Zitronensaft und je 1 Prise Salz und Pfeffer in einer Schüssel verquirlen und die Petersilie darin marinieren.

6 Zum Servieren auf jedem Teller ein Bett aus Spitzkohlstreifen mit etwas Tomatensugo verteilen, jeweils eine Roulade und einige Tomatenhälften darauflegen und alles mit dem Petersiliensalat toppen.

Dr. Riedls Iss-besser-Tipp

Tomaten geben jedem Gericht Farbe und Aroma. Und dazu tun sie uns auch noch gut: Denn das rote Gemüse enthält reichlich Lykopin, ein Carotinoid, das bestimmte Krebsarten sowie stille Entzündungen ausbremst. Übrigens: Anders als bei vielen Wirkstoffen können wir aus gegarten Tomaten sogar mehr Lykopin ziehen als aus den rohen Früchten.

EISMEERSAIBLING MIT MANGO-SALSA

Für 4 Personen

FÜR DEN FISCH:
Saft von 4 Limetten
8 EL salzreduzierte Sojasauce
2 TL flüssiger Honig
3 EL Sesamöl (ersatzweise Olivenöl)
1 rote Zwiebel
2 Knoblauchzehen
1 rote Chilischote
8 Koriandergrünstiele
1 haselnussgroßes Stück Ingwer
700 g Eismeersaibling
5 EL geröstete helle Sesamsamen
(siehe Tipp Seite 81)

AUSSERDEM:
8 Champignons
2 Bund Rucola
1 Mango
½ rote Zwiebel
1 rote Chilischote
½ rote Paprikaschote
Saft von ½ Limette
3 EL Olivenöl
Salz
4 Koriandergrünstiele

Pro Portion: ca. 525 kcal, 42 g EW, 27 g F, 22 g KH, 6 g BST

1 Für den Fisch Limettensaft, Sojasauce, Honig und Öl mischen. Zwiebel und Knoblauch schälen, Zwiebel sehr fein würfeln, Knoblauch in sehr dünne Scheiben schneiden. Chili längs halbieren, entkernen, waschen und fein hacken. Koriander waschen, trocken tupfen und samt Stielen fein hacken. Alles unter die Marinade rühren. Ingwer abschaben und in die Marinade reiben.

2 Den Backofen auf 120 °C vorheizen. Ein Backblech mit Backpapier belegen. Den Fisch waschen, trocken tupfen, in 4 Stücke schneiden und auf einen Teller legen. 1 bis 2 EL Marinade gleichmäßig über den Fischstücken verteilen (auch die Marinadengewürze!). Den Fisch etwa 10 Minuten marinieren, dann auf dem Blech verteilen und im Ofen auf der mittleren Schiene 10 bis 12 Minuten garen. So bleibt der Fisch innen saftig und glasig – wer ihn lieber durchgegart mag, verlängert die Garzeit einfach.

3 Für den Rucolasalat die Pilze putzen, falls nötig, trocken abreiben und klein würfeln. Mit der übrigen Marinade vom Fisch mischen. Rucola verlesen, waschen und trocken schleudern, grobe Stiele entfernen.

4 Für die Salsa die Mango dünn schälen, das Fruchtfleisch erst vom Kern und dann in kleine Würfel schneiden. Zwiebel schälen und fein würfeln. Chili und Paprika längs halbieren, entkernen, waschen, fein würfeln. Alles mit Limettensaft, Öl und 1 Prise Salz mischen. Koriander waschen, trocken tupfen und samt Stielen fein hacken. Unter die Salsa heben und alles durchziehen lassen.

5 Zum Servieren den Fisch auf Teller setzen, jeweils etwas Mango-Salsa daraufgeben und etwas Sesam darüberstreuen. Den Rucola auf kleine Schalen verteilen und das Pilzdressing darüberträufeln.

Dr. Riedls Iss-besser-Tipp

Pflanzenöle sind in jedem Fall tierischen Fetten wie Butter oder Schmalz vorzuziehen. Sesamöl eignet sich zum Beispiel hervorragend als gesunde Zutat. Das helle Sesamöl wird aus den naturbelassenen Samen gepresst, das dunkle aus zuvor gerösteten. Beide enthalten wertvolle ungesättigte Fettsäuren, die das ungünstige LDL-Cholesterin bremsen.

OFENKABELJAU MIT PILZ-ZWIEBEL-OMELETT

Für 4 Personen

FÜR DEN KABELJAU:
600 g Kabeljau
Salz
1 Knoblauchzehe
3 EL Olivenöl
abgeriebene Schale von 1 Bio-Zitrone
Pfeffer aus der Mühle

FÜR DAS OMELETT:
½ Bund Koriandergrün
2 rote Zwiebeln
1 Knoblauchzehe
200 g Shiitake-Pilze
6 Eier (Größe M)
Salz | Pfeffer aus der Mühle
1 EL Olivenöl
1–2 TL helle Sesamsamen
1 TL fein gehackte Chilischote
1–2 TL salzreduzierte Sojasauce

AUSSERDEM:
1 Rezept Miso-Limetten-Mayonnaise
(siehe Seite 71)

Pro Portion: ca. 625 kcal, 41 g EW, 46 g F, 13 g KH, 4 g BST

1 Für den Kabeljau den Backofen auf 80 °C (Umluft) vorheizen. Den Fisch waschen und trocken tupfen, auf Gräten prüfen und vorhandene entfernen. Das Filet rundum salzen und etwa 10 Minuten ziehen lassen (siehe Tipp Seite 93).

2 Inzwischen den Knoblauch schälen, fein würfeln, in einer Schüssel mit Öl, Zitronenschale und je 1 Prise Salz und Pfeffer verquirlen. Den Fisch in einer kleinen Auflaufform mit dem Würzöl beträufeln und im Ofen auf der mittleren Schiene je nach Dicke 10 bis 15 Minuten garen. Herausnehmen und warm halten.

3 Währenddessen für das Omelett den Koriander waschen, trocken tupfen, die Blätter abzupfen und zum Garnieren beiseitestellen, die Korianderstiele fein hacken. Zwiebeln und Knoblauch schälen, die Zwiebeln in Streifen, den Knoblauch in feine Würfel schneiden. Die Shiitake putzen, falls nötig, trocken abreiben und in Streifen schneiden, die Stiele entfernen. Die Eier in einer Schüssel gleichmäßig verquirlen, mit Salz und Pfeffer leicht würzen.

4 Zwiebeln, Knoblauch und Pilze in einer Pfanne im Öl bei mittlerer Hitze etwa 10 Minuten dünsten. Sesam, Chili und Korianderstiele dazugeben und kurz mitdünsten. Mit Sojasauce ablöschen. Die verquirlten Eier dazugießen und kurz stocken lassen, dann zu einem Omelett formen und ziehen lassen, bis das Omelett vollständig gestockt ist.

5 Die Mayonnaise rechtzeitig zubereiten und nach Belieben in einen Spritzbeutel mit Lochtülle füllen. Zum Servieren das Omelett auf Tellern anrichten und den Fisch in Stücke gezupft daraufsetzen. Mit der Miso-Limetten-Mayonnaise und dem beiseitegestellten Koriandergrün garnieren.

Dr. Riedls Iss-besser-Tipp

Zwiebeln und Knoblauch sollten in jedes Gericht. Denn damit sorgen wir dafür, dass unsere Blutgefäße durchlässig bleiben, und beugen Arteriosklerose vor. Grund dafür sind die Schwefelverbindungen in allen Mitgliedern der Zwiebelfamilie. Diese können ebenso die Cholesterinwerte sowie das Risiko für bestimmte Krebserkrankungen senken.

MIT GEFLÜGEL & FLEISCH

Ob Brathähnchen, Roastbeef oder Muttis Hackfleischtopf – die Traditionsküche hat bei Tarik auch in der Low-Carb-Version einen hohen Stellenwert. Wieder sind die Beilagen der Dreh- und Angelpunkt, zu denen es viele leckere Alternativen gibt. Wieso nicht mal Bratkartoffeln aus Petersilienwurzeln oder ein Püree aus Sellerie zubereiten?

HÄHNCHENKEULEN MIT GRILLGEMÜSE

Für 4 Personen

FÜR HÄHNCHEN UND GEMÜSE:
4 Hähnchenkeulen (à ca. 250 g)
Salz | 2 TL flüssiger Honig
je 1 TL edelsüßes und scharfes Paprikapulver
4 EL Olivenöl
4 Zucchini
4 rote Zwiebeln
3 bunte Paprikaschoten
2 Auberginen
2 TL Apfel-Balsamessig
Pfeffer aus der Mühle
4 Knoblauchzehen
200 g Cocktailtomaten

FÜR DAS PESTO:
75 g gereifter Gouda (ersatzweise Parmesan)
½ Bund Petersilie
1 Bund Rucola
40 ml mildes Olivenöl
100 g gemahlene Mandeln
abgeriebene Schale von ½ Bio-Zitrone
Salz | Pfeffer aus der Mühle

Pro Portion: ca. 830 kcal, 50 g EW, 60 g F, 17 g KH, 11 g BST

1 Die Hähnchenkeulen im Gelenk halbieren, waschen, trocken tupfen und leicht salzen. Honig, beide Paprikapulver und 1 EL Öl verrühren und die Hähnchenkeulen damit großzügig bestreichen. Die Keulen auf dem Grill bei direkter Hitze rundum 5 bis 8 Minuten gut anbraten. Dann auf die Seite ohne Kohle ziehen und bei indirekter Hitze noch 20 bis 25 Minuten garen. So bleibt das Fleisch saftig und verbrennt nicht.

2 Für das Pesto Käse fein reiben. Die Petersilie waschen, trocken tupfen und die Blätter abzupfen, die Stiele klein schneiden. Rucola verlesen, waschen und trocken schleudern, grobe Stiele entfernen. Alle Zutaten für das Pesto in einem hohen Rührbecher mit dem Stabmixer pürieren, salzen und pfeffern.

3 Gemüse putzen und waschen. Zucchini in längliche Scheiben schneiden, salzen und auf dem Grill bei direkter Hitze garen, bis sie Farbe angenommen haben und weich sind. Auf einem großen Teller beiseitestellen. Die Zwiebeln schälen und im Ganzen auf dem Grill bei indirekter Hitze unter Wenden 15 bis 20 Minuten garen. Vom Grill nehmen, kurz abkühlen lassen, halbieren, aus der Schale drücken und auf dem Gemüseteller verteilen.

4 Die Paprika ebenfalls im Ganzen auf dem Grill bei direkter Hitze unter Wenden so lange grillen, bis die Haut dunkel wird. Vom Grill nehmen, auf einen Teller legen und mit einem feuchten Tuch bedecken. Die etwas abgekühlten Paprika häuten, entkernen, in größere Stücke schneiden und ebenfalls auf den Gemüseteller geben.

5 Auberginen halbieren, die Schnittflächen kreuzweise einschneiden, salzen und kurz ziehen lassen. Dann auf den Schnittflächen auf den Rost legen und auf dem Grill bei direkter Hitze so lange grillen, bis das Fruchtfleisch braun ist. Wenden und bei indirekter Hitze noch etwa 25 Minuten grillen, bis das Fruchtfleisch weich ist. Vom Grill nehmen, das Fruchtfleisch aus den Schalen löffeln und grob hacken. Mit Salz, Pfeffer, 2 EL Öl und Essig würzen, es schmeckt auch kalt.

6 Knoblauch schälen und halbieren. Tomaten waschen und halbieren. Knoblauch in einer Pfanne im übrigen Öl kurz andünsten. Tomaten salzen und dazugeben. Alles 5 bis 7 Minuten braten, dabei darauf achten, dass der Knoblauch nicht anbrennt. Tomaten und Knoblauch auf dem Gemüse verteilen. Das Gemüse mit Essig, Olivenöl, Salz und Pfeffer abschmecken, mit Auberginenmus und Pesto (wer Fett sparen möchte, gibt nur wenig dazu!) sowie nach Belieben mit Oliven und Kapern garnieren. Das Fleisch dazusetzen.

Tariks Küchentipp

Die Grillkohle sollte so angehäuft werden, dass eine Seite des Grills frei bleibt. So hat man unterschiedliche Hitzezonen und kann indirekt garen, damit die empfindlichen Zutaten nicht verbrennen. Das Rezept bietet viel kreativen Freiraum. Probieren Sie auch andere Gemüsesorten aus oder lassen Sie wahlweise Teile des Rezeptes ganz weg. Die Zubereitung gelingt auch mit Hähnchenbrustfilet.

ENTE MIT ESTRAGONÖL UND SCHWARZWURZELN

Für 4 Personen

FÜR DIE SCHWARZWURZELN:
12 Stangen Schwarzwurzeln
Saft von ½ Zitrone
2 säuerliche Äpfel (z. B. Boskop)
2 EL Butter
100 ml Gemüsebrühe
2 EL Apfel-Balsamessig
½ TL edelsüßes Paprikapulver
frisch geriebene Muskatnuss
Salz | Pfeffer aus der Mühle
1 EL geriebener Meerrettich

FÜR DAS ESTRAGONÖL:
1 Bund Estragon
40 ml Olivenöl
Salz

FÜR DIE ENTENBRUST:
2 große Entenbrustfilets
(à ca. 350 g; mit Haut;
ersatzweise 4 kleine Entenbrustfilets)
Salz
1 Knoblauchzehe
2 Thymianzweige
1 EL Olivenöl
Pfeffer aus der Mühle

Pro Portion: ca. 675 kcal, 33 g EW, 48 g F, 14 g KH, 28 g BST

1 Die Schwarzwurzeln unter fließendem kaltem Wasser gründlich säubern, dann schälen (dabei am besten Einmalhandschuhe tragen!). Die Enden abschneiden, die Stangen schräg in Rauten schneiden und in Zitronenwasser einlegen (siehe Tipp).

2 Für das Estragonöl den Estragon waschen, trocken tupfen und die Blätter abzupfen. Einige schöne Blätter zum Garnieren beiseitelegen. Das Öl in einem kleinen Topf auf 50 bis 60 °C erhitzen, dann mit den übrigen Estragonblättern in einem hohen Rührbecher mit dem Stabmixer fein pürieren. Mit Salz abschmecken und beiseitestellen.

3 Für die Entenbrust den Backofen auf 80 °C (Umluft) vorheizen. Die Filets waschen und trocken tupfen, die Haut rautenförmig nicht zu tief einschneiden und die Filets rundum salzen. Den Knoblauch leicht andrücken, den Thymian waschen und trocken tupfen. In einer Pfanne das Öl verteilen und die Filets auf der Hautseite hineinlegen. Die Pfanne bei mittlerer Temperatur erhitzen und das Fett der Entenhaut langsam auslassen. Sobald die Haut gebräunt ist, die Filets wenden und kurz auf der Fleischseite braten. Dann auf der Fleischseite in eine Auflaufform legen, Knoblauch und Thymian dazugeben und die Filets im Ofen auf der mittleren Schiene etwa 10 Minuten fertig garen. Herausnehmen und kurz ruhen lassen.

4 Inzwischen die Äpfel waschen, achteln und entkernen. Die Schwarzwurzelstücke in einer Pfanne in 1 EL Butter anbraten. Die Brühe dazugießen und einkochen lassen, die Schwarzwurzeln sollen noch leichten Biss haben. Übrige Butter dazugeben und zerlassen, dann die Äpfel hinzufügen und bei mittlerer Hitze kurz mitbraten. Alles mit Essig ablöschen und mit Paprikapulver, 1 Prise Muskatnuss, Salz und Pfeffer würzen.

5 Zum Servieren die Filets mit Pfeffer würzen und in Tranchen schneiden. Das Estragonöl nochmals durchrühren. Die Schwarzwurzeln auf Tellern anrichten und die Ententranchen darauflegen. Rundum mit Estragonöl beträufeln und mit Meerrettich und beiseitegelegtem Estragon garnieren.

Tariks Küchentipp

Statt Schwarzwurzeln zu schälen, können Sie sie auch mit dem Stahlschwamm so lange kräftig schrubben, bis nur noch schwarze Augen wie bei einem Birkenstamm übrig sind. Wichtig: Bewahrt man geschälte Schwarzwurzeln vor der Verarbeitung nicht in Zitronenwasser auf, verfärben sie sich schnell bräunlich.

BAUERNHÄHNCHEN MIT ROTKOHL

Für 4 Personen

FÜR DAS BRATHÄHNCHEN:
1 kleines Brathähnchen (ca. 1,2 kg; am besten aus artgerechter Haltung)
Salz
je 1 TL edelsüßes Paprikapulver, gemahlener Kreuzkümmel und Kardamom
1 ½ EL Ahornsirup
4 Möhren | 2 Pastinaken
4 rote Zwiebeln
1 walnussgroßes Stück Ingwer
2 Knoblauchzehen | 2 EL Olivenöl
2 EL Tomatenmark
100 ml Tomatensaft
100 ml Rotweinessig
¼ l Hühnerbrühe
1 Bund Thymian | 2 Lorbeerblätter
2 Sternanis

FÜR DEN ROTKOHL:
1 kg Rotkohl | 1 Bio-Orange
1 walnussgroßes Stück Ingwer
3 EL Rotweinessig | 2 EL Olivenöl
3 EL Ahornsirup | ½ TL Zimtpulver
2 Sternanis | Salz
3 rote Zwiebeln | 2 Äpfel
1 ½ EL Apfel-Balsamessig
2 Lorbeerblätter
Pfeffer aus der Mühle

Pro Portion: ca. 660 kcal, 45 g EW, 26 g F, 53 g KH, 12 g BST

1 Für das Brathähnchen den Backofen auf 180 °C vorheizen. Das Hähnchen innen und außen waschen und trocken tupfen. Falls nötig, die Flügelenden und Knorpel an den Keulen entfernen, überlappende Haut abschneiden. Das Hähnchen innen und außen salzen. Paprika, Kreuzkümmel und Kardamom mischen, das Hähnchen damit einreiben und mit Ahornsirup rundum bestreichen. Gemüse, Zwiebeln, Ingwer und Knoblauch putzen, schälen und in Stücke schneiden.

2 Gemüse, Zwiebeln und Hähnchenabschnitte in einem Bräter im Öl anbraten. Das Tomatenmark hinzufügen und kurz mitrösten. Etwas Tomatensaft dazugeben und einkochen. Alles mit Essig und etwa 125 ml Brühe ablöschen. Thymian, Lorbeer, Sternanis, Ingwer und Knoblauch hinzufügen. Das Hähnchen auf das Gemüse setzen und im Ofen mit geschlossenem Deckel auf der mittleren Schiene 45 bis 60 Minuten garen. Falls nötig, noch mehr Brühe nachgießen, in den letzten 10 Minuten den Deckel abnehmen. Sobald sich die Keulen leicht vom Korpus trennen lassen und beim Anstechen des Fleisches kein rot gefärbter Saft mehr austritt, ist das Hähnchen gar.

3 Für den Rotkohl die äußeren Blätter vom Kohl entfernen, den Kohl vierteln und den harten Strunk entfernen. Die Viertel in dünne Streifen schneiden oder hobeln und in eine Schüssel geben. Die Orange heiß waschen, abtrocknen und die Schale fein abreiben, die Orange halbieren und auspressen. Ingwer abschaben und fein würfeln. Orangenschale und -saft, Ingwer, Rotweinessig, 1 EL Öl, 2 EL Ahornsirup, Zimt, Sternanis und etwas Salz zum Rotkohl geben. Alles mit den Händen einige Minuten kräftig kneten, bis der Kohl weich wird und reichlich Saft austritt. Den Salat nochmals abschmecken, mindestens 1 Stunde ziehen lassen.

4 Inzwischen Zwiebeln schälen und in feine Lamellen teilen. Äpfel vierteln, schälen, entkernen und in Stücke schneiden. Zwiebeln in einem Topf im übrigen Öl andünsten. Rotkohl samt Beize hinzufügen, mit Balsamessig, übrigem Ahornsirup und Salz würzen. Äpfel und Lorbeer hinzufügen. Kraut mit geschlossenem Deckel bei schwacher Hitze etwa 30 Minuten schmoren, dann nochmals mit Ahornsirup, Salz und Pfeffer abschmecken.

5 Zum Servieren das Hähnchen aus dem Ofen nehmen und zerteilen, mit dem Rotkohl auf Tellern anrichten. Gemüse und Fond aus dem Bräter ebenfalls dazu reichen.

Dr. Riedls Iss-besser-Tipp

Produkte aus artgerechter Haltung oder ökologischem Anbau sind meist etwas teurer. Trotzdem lohnt sich die Investition, wenn Sie wie für dieses Rezept ein ganzes Tier kaufen und alle Teile von ihm verwerten. Aus den entfernten Abschnitten wie Flügelenden oder Knorpel und Haut können Sie alternativ auch noch eine aromatische Hühnerbrühe ansetzen.

TANDOORI-HÄHNCHEN-SPIESSE

Für 4 Personen

ZUTATEN:
8 – 10 Holzspieße
200 g griech. Joghurt (10 % Fett)
4 EL Tandoori-Gewürzmischung
2 EL Olivenöl | 2 TL flüssiger Honig
500 g Hähnchenbrustfilet
Saft von 3 Zitronen
Salz | 1 Kopfsalat
1 EL geröstete helle und dunkle
Sesamsamen (siehe Tipp Seite 81)

**Pro Portion: ca. 340 kcal,
33 g EW, 19 g F, 8 g KH, 1 g BST**

1 Die Holzspieße etwa 20 Minuten wässern. Für die Marinade knapp ein Drittel des Joghurts (ca. 60 g) mit Tandoori-Gewürz, Öl und 1 TL Honig verrühren. Die Hähnchenfilets waschen, trocken tupfen, längs in schmale Streifen schneiden und leicht wellig auf die Holzspieße stecken. Dann mit der Marinade rundum gut bestreichen und etwa 5 Minuten ziehen lassen.

2 Für das Dressing übrigen Joghurt mit Zitronensaft, restlichem Honig und 1 Prise Salz gut verrühren. Vom Kopfsalat die äußeren Blätter entfernen, den Salatkopf im Ganzen waschen und den unteren Teils des Strunks großzügig abschneiden. Den ganzen Kopf in einen tiefen Teller oder eine flache Schale legen und das Dressing darüberträufeln (alternativ Salat in mundgerechte Stücke zupfen und mit dem Dressing mischen).

3 Die Spieße auf dem Grill bei direkter Hitze oder in einer Grillpfanne auf jeder Seite 2 bis 3 Minuten kross braten. Vom Grill oder aus der Pfanne nehmen und mit Sesam bestreuen. Zum Servieren die Spieße in den Salatkopf stecken oder zum Salat reichen.

HÜHNERSUPPE MIT EI UND ZOODLES

Für 4 Personen

ZUTATEN:

1 Zwiebel | 3–4 Möhren
½ Knollensellerie | 1 Stange Lauch
1 Bund Petersilie
½ Suppenhuhn (ca. 750 g)
1 Lorbeerblatt | Salz
1 TL schwarze Pfefferkörner
3 Zucchini | 4 Eier
1–2 EL Olivenöl
Pfeffer aus der Mühle
1 EL geriebener Meerrettich

Pro Portion: ca. 510 kcal, 34 g EW, 34 g F, 13 g KH, 8 g BST

1 Zwiebel, Möhren und Sellerie schälen und grob würfeln. Lauch putzen, waschen, weißen bis hellgrünen Teil in Ringe schneiden. Petersilie waschen, trocken tupfen, Blätter abzupfen und grob hacken, Stiele beiseitelegen. Huhn innen und außen waschen und in einem großen Topf vollständig mit Wasser bedecken. Langsam aufkochen, dabei entstehenden Schaum abschöpfen. Zwiebel, Möhren, Sellerie, Lauch und Petersilienstiele, Lorbeer, 1 TL Salz und Pfefferkörner dazugeben. Suppe mit geschlossenem Deckel bei mittlerer Hitze etwa 45 Minuten ziehen lassen. Zucchini putzen, waschen und durch den Spiralschneider drehen.

2 Huhn aus der Suppe nehmen, abtropfen und etwas abkühlen lassen. Dann das Fleisch von den Knochen lösen und in Stücke zupfen. Die Brühe durch ein feines Sieb in einen Topf gießen, das Gemüse entfernen. Die Brühe erhitzen und das Fleisch einlegen. Sobald die Brühe kocht, die Temperatur reduzieren, die Eier einzeln in eine Kelle aufschlagen und langsam in die siedende Brühe gleiten lassen, dabei die Eiweißfäden mit einer Gabel über das Eigelb ziehen. Die Eier etwa 3 Minuten ziehen lassen.

3 Die Zucchinistreifen in einer Pfanne im Öl bei mittlerer Hitze 1 bis 2 Minuten braten, salzen und pfeffern. Zum Servieren jeweils etwas Brühe samt Fleischeinlage und 1 Ei auf tiefe Teller oder Bowls verteilen. Mit den Zucchininudeln toppen und mit Meerrettich und der gehackten Petersilie garnieren.

RUMPSTEAK MIT SELLERIE-CARPACCIO

Für 4 Personen

ZUTATEN:
2 dicke Rumpsteaks (à ca. 300 g; ersatzweise Rinderhüftsteaks)
1 großer Knollensellerie
4 rote Zwiebeln
2 Knoblauchzehen
2 Handvoll Feldsalat
2 Rosmarinzweige
2 EL Kapern (in Lake; abgetropft)
4 EL Olivenöl
2 EL Apfel-Balsamessig
Salz | Pfeffer aus der Mühle
1 TL Ahornsirup
1 Spritzer Zitronensaft
3 EL Parmesanspäne

Pro Portion: ca. 435 kcal, 40 g EW, 23 g F, 11 g KH, 10 g BST

1 Die Rumpsteaks etwa 30 Minuten vor der Verarbeitung zum „Atmen“ aus dem Kühlschrank nehmen und Zimmertemperatur annehmen lassen, so garen sie entspannter und weniger Fleischsaft tritt aus. Den Backofen auf 160 °C (Umluft) vorheizen.

2 Den Sellerie putzen, schälen, halbieren und die Hälften in 3 mm dünne Scheiben schneiden. Zwiebeln und Knoblauch schälen, dabei den Wurzelansatz jeweils nicht entfernen. Die Zwiebeln je nach Größe längs vierteln oder achteln, den Knoblauch in Scheiben schneiden. Den Feldsalat verlesen, waschen und trocken schleudern. Den Rosmarin waschen und trocken tupfen.

3 Die Selleriescheiben auf einem Backblech verteilen und mit dem Knoblauch sowie den Kapern bestreuen. Die Zwiebelspalten dazulegen, alles mit 2 EL Öl und Essig beträufeln, mit Salz und Pfeffer würzen. Den Sellerie im Ofen auf der unteren Schiene 8 bis 10 Minuten garen. Auf der mittleren Schiene das Ofengitter einsetzen.

4 Inzwischen die Rumpsteaks rundum großzügig salzen. Eine Grillpfanne ohne Fett sehr heiß werden lassen und das Fleisch darin bei starker Hitze auf jeder Seite 2 bis 3 Minuten scharf anbraten. Herausnehmen, die Steaks auf das Ofengitter legen und im Ofen auf der mittleren Schiene über dem Sellerie etwa 5 Minuten mitgaren, dabei jeweils mit 1 Rosmarinzweig belegen. Fleisch und Sellerie aus dem Ofen nehmen. Die Steaks mit Pfeffer würzen und abgedeckt noch etwa 5 Minuten ruhen lassen.

5 Währenddessen das übrige Öl in einer Schüssel mit Ahornsirup, Zitronensaft, jeweils 1 Prise Salz und Pfeffer verquirlen und den Feldsalat darin marinieren. Die Sellerie-scheiben auf den Tellern leicht überlappend in Kreisen anrichten. Die Rumpsteaks in Tranchen schneiden und mit den gegarten Zwiebeln und Kapern darauf anrichten. Den Feldsalat daraufhäufen und alles mit Parmesanspänen bestreuen.

Dr. Riedls Iss-besser-Tipp

Mageres Fleisch gilt als gesundes Lebensmittel. Es liefert zwar wertvolles Eiweiß und gut verwertbares Eisen, außerdem B-Vitamine sowie die Vitamine A und C. Allerdings können bei mehr als 500 g rotem Fleisch (z. B. von Rind, Kalb, Schwein) pro Woche kritische Abbauprodukte entstehen, die unter anderem Arteriosklerose und Diabetes begünstigen.

MUTTIS HACKFLEISCHTOPF MIT SAUERRAHMDIP

Für 4 Personen

FÜR DEN EINTOPF:

2 Schalotten
1 – 2 Knoblauchzehen
6 Pastinaken
3 Stangen Lauch
600 g Rinderhackfleisch
2 EL Olivenöl
Salz | Pfeffer aus der Mühle
½ TL edelsüßes Paprikapulver
½ TL gemahlener Kreuzkümmel
3 EL gehackte Petersilie
2 TL Ahornsirup
1 Spritzer Apfel-Balsamessig
100 – 200 ml Gemüsebrühe
1 EL Butter

FÜR DEN DIP:

100 g saure Sahne
Saft von 1 Zitrone
2 TL Ahornsirup
1 EL Olivenöl
Salz | Pfeffer aus der Mühle

Pro Portion: ca. 620 kcal, 36 g EW, 37 g F, 34 g KH, 6 g BST

1 Den Backofen auf 160 °C (Umluft) vorheizen. Für den Eintopf Schalotten, Knoblauch und Pastinaken schälen und in kleine Würfel schneiden. Den Lauch putzen, waschen, den weißen bis hellgrünen Teil längs halbieren und quer in Streifen schneiden.

2 Das Öl in einem Bräter erhitzen und die Schalotten- und Knoblauchwürfel darin bei mittlerer Hitze andünsten. Das Hackfleisch dazugeben und unter Rühren krümelig mitbraten. Mit Salz und Pfeffer würzen. Die Pastinakenwürfel hinzufügen und kurz mitbraten. Den Lauch dazugeben und ebenfalls noch kurz mitbraten.

3 Paprikapulver, Kreuzkümmel und 1 EL Petersilie hinzufügen und alles mit Ahornsirup, Essig, Salz und Pfeffer abschmecken. Die Brühe dazugießen und die Butter in Würfeln dazugeben. Den Deckel auflegen und den Eintopf im Ofen auf der mittleren Schiene etwa 30 Minuten schmoren (alternativ auf dem Herd fertig garen).

4 Für den Dip die saure Sahne in einer Schüssel mit Zitronensaft, Ahornsirup und Öl glatt rühren. Mit Salz und Pfeffer würzen.

5 Den Hackfleischtopf aus dem Ofen nehmen und auf Teller verteilen. Mit je 1 Klecks Sauerrahmdip toppen und mit der übrigen Petersilie bestreuen.

Dr. Riedls Iss-besser-Tipp

Tauschen Sie Rinderhackfleisch in Rezepten auch mal gegen Geflügelhack aus. Das können Sie selbst durchdrehen oder den Metzger vorbereiten lassen. Der Vorteil? Das Risiko für Darmkrebs sinkt deutlich!

KALBSTAFELSPITZ MIT PINIENKERN-GREMOLATA

Für 4 Personen

FÜR DEN TAFELSPITZ:
4 rote Zwiebeln
2–3 Knoblauchzehen
2 Möhren
2 Pastinaken
1–2 Rosmarinzweige
1 Tafelspitz vom Kalb (ca. 600 g)
Salz
4 EL Olivenöl
Saft von 1 Zitrone
2 EL Ahornsirup
½ TL Harissapulver (ersatzweise edelsüßes Paprikapulver, Pfeffer und gemahlener Kreuzkümmel)

FÜR DIE GREMOLATA:
½ Bund Petersilie
4 getrocknete Tomaten (siehe Tipp)
2 EL geröstete Pinienkerne
abgeriebene Schale von 1 Bio-Zitrone
1 Spritzer Zitronensaft
1–2 EL Olivenöl
1 TL Ahornsirup
Salz | Pfeffer aus der Mühle

Pro Portion: ca. 430 kcal, 36 g EW, 20 g F, 24 g KH, 4 g BST

1 Für den Tafelspitz den Backofen auf 120 °C vorheizen. Zwiebeln, Knoblauch, Möhren und Pastinaken schälen und in grobe Würfel schneiden. Den Rosmarin waschen, trocken tupfen und die Zweige in Stücke zupfen. Den Tafelspitz rundum salzen.

2 In einer Pfanne 2 EL Öl erhitzen und den Tafelspitz darin rundum anbraten. Das Fleisch auf ein Backblech setzen, das vorbereitete Gemüse samt Rosmarin danebenlegen und mit dem übrigen Öl, Zitronensaft und Ahornsirup beträufeln. Alles mit Harissa würzen und den Tafelspitz im Ofen auf der mittleren Schiene etwa 35 Minuten garen.

3 Inzwischen für die Gremolata die Petersilie waschen, trocken tupfen, die Blätter abzupfen und fein hacken. Die Tomatenfilets nach Belieben aromatisieren (siehe Tipp), dann ebenfalls fein hacken. Die Pinienkerne grob hacken und mit Petersilie, Tomaten, Zitronenschale und -saft, Öl und Ahornsirup sowie je 1 Prise Salz und Pfeffer mischen.

4 Zum Servieren Fleisch und Gemüse aus dem Ofen nehmen. Den Kalbstafelspitz kurz ruhen lassen, dann in Scheiben schneiden. Das Gemüse auf Teller verteilen und den Tafelspitz dazulegen. Alles mit etwas Salz und Pfeffer bestreuen und mit der Gremolata großzügig toppen.

Tariks Küchentipp

Um das volle Aroma der getrockneten Tomaten zu bekommen, diese vor der Verwendung in etwas Orangensaft einmal aufkochen und am besten noch 10 bis 15 Minuten darin auf der ausgeschalteten Herdplatte ziehen lassen.

LOW-CARB-BEILAGEN

Weglassen oder ersetzen? Wer bei Nudeln, Kartoffeln und Co. spart, ist schon mitten im Low-Carb-Paradies! Es geht aber auch mit intelligenten Beilagen, für die man einfach von Natur aus kohlenhydratarme Gemüsesorten verarbeitet!

BRATKARTOFFELN AUS PETERSILIENWURZELN

Für 4 Personen **800 bis 1000 g Petersilienwurzeln** putzen, schälen und in etwa 4 mm dünne Scheiben schneiden. **1 bis 2 rote Zwiebeln** schälen, längs halbieren und in feine Streifen schneiden. **1 Knoblauchzehe** schälen und fein würfeln. **2 EL Olivenöl** in einer Pfanne erhitzen und die Petersilienwurzelscheiben darin bei mittlerer Hitze 2 bis 3 Minuten andünsten. Die Temperatur erhöhen und die Scheiben bei starker Hitze weiterbraten. Sobald sie zu bräunen beginnen, Zwiebeln und Knoblauch dazugeben und kurz mitbraten. **2 EL gehackte Petersilie** unterheben und alles mit **1 Spritzer Zitronensaft, Salz und Pfeffer aus der Mühle** würzen. Die Bratkartoffeln passen zu Fisch- und Fleischgerichten wie dem Roastbeef von Seite 128 oder dem Kalbstafelspitz von Seite 124.

Pro Portion: ca. 120 kcal,
4 g EW, 6 g F, 9 g KH, 6 g BST

CREMIGES PÜREE AUS KNOLLENSELLERIE

Für 4 Personen **2 kleine Sellerieknollen** schälen, grob würfeln und in leicht gesalzenem Wasser bei mittlerer Hitze etwa 20 Minuten weich garen. **75 g Butter** zerlassen und bei mittlerer Hitze langsam bräunen. Sobald die Butter nussig zu duften beginnt, vom Herd nehmen, in einem feinen Sieb durch ein Passiertuch gießen. Den Sellerie abgießen (nach Belieben den Sud auffangen und als Suppenbasis verwenden) und ausdampfen lassen, dann in einem sauberen Küchentuch ausdrücken und in den Topf zurückgeben. Sellerie und braune Butter mit dem Stabmixer fein pürieren, mit **2 EL Apfel-Balsamessig, 2 TL Ahornsirup, Salz und Pfeffer aus der Mühle** abschmecken. Es passt gut zu den pochierten Eiern (siehe Seite 58) oder den Tandoori-Spießen (siehe Seite 118).

Pro Portion: ca. 235 kcal,
5 g EW, 17 g F, 11 g KH, 12 g BST

BLUMENKOHL AUS DEM OFEN

Für 4 Personen den Backofen auf 200 °C vorheizen. Ein Backblech mit Backpapier belegen. **1 bis 2 kleine Blumenkohl** von den Blättern befreien und waschen. Die Köpfe längs in etwa 2 cm dicke Scheiben schneiden und, falls nötig, die Scheiben nochmals quer halbieren. Die Scheiben nebeneinander auf dem Blech verteilen. **6 EL Olivenöl, 4 EL Apfel-Balsamessig** und **½ TL Harissapulver** mit je **1 Prise Salz und Pfeffer aus der Mühle** verquirlen und den Blumenkohl damit bestreichen. Dann im Ofen auf der mittleren Schiene etwa 10 Minuten rösten. Dabei 2 bis 3 Minuten vor Ende der Garzeit den Kohl mit **2 bis 3 EL grob gehackten Haselnusskernen** bestreuen. Alles aus dem Ofen nehmen und sofort servieren. Der Blumenkohl passt zum Zanderfilet von Seite 96.

Pro Portion: ca. 235 kcal,
6 g EW, 19 g F, 7 g KH, 6 g BST

ROASTBEEF MIT LOW-CARB-BRATKARTOFFELN

Für 4 Personen

FÜR DAS ROASTBEEF:
500 g Roastbeef
Salz
1 – 2 Knoblauchzehen
3 – 4 Zweige Rosmarin
1 TL edelsüßes Paprikapulver
½ TL zerstoßener schwarzer Pfeffer
2 EL Olivenöl
2 TL mittelscharfer Senf

AUSSERDEM:
1 Portion Bratkartoffeln aus Petersilienwurzeln (siehe Seite 126)
1 Portion Sauce gribiche (siehe Seite 70)

Pro Portion: ca. 305 kcal, 30 g EW, 19 g F, 3 g KH, 2 g BST

1 Für das Roastbeef das Fleisch rundum salzen und etwa 5 Minuten ruhen lassen. Den Backofen auf 120 °C vorheizen.

2 Inzwischen den Knoblauch schälen und fein würfeln. Den Rosmarin waschen, trocken tupfen, die Nadeln abzupfen und fein hacken. Beides mit Paprikapulver und zerstoßenem Pfeffer mischen. Das Öl in einer Pfanne erhitzen und das Roastbeef darin rundum anbraten. Herausnehmen, rundum mit Senf bestreichen und mit der Knoblauch-Rosmarin-Mischung bestreuen. Das Roastbeef auf einem Backblech im Ofen auf der mittleren Schiene etwa 45 Minuten garen.

3 Das Fleisch aus dem Ofen nehmen und kurz ruhen lassen, dann aufschneiden – wenn man es warm serviert, dürfen die Tranchen dicker sein, wird es kalt verzehrt, die Scheiben eher dünn schneiden.

4 Die Bratkartoffeln aus Petersilienwurzeln rechtzeitig zubereiten und zum Servieren auf Teller verteilen. Das Roastbeef danebenlegen. Dazu passt die Sauce gribiche.

Tariks Küchentipp

Am schönsten wird das Roastbeef, wenn man es gemäß der Niedriggarmethode bei lediglich 65 °C im Backofen gart. Das dauert dann zwar etwa 8 Stunden – garantiert aber ein großartiges Geschmackserlebnis.

SCHMORGURKEN MIT HACKFLEISCHFÜLLUNG

Für 4 Personen

FÜR DIE SCHMORGURKEN:
2 kleine Zwiebeln
1 Knoblauchzehe
1 Bund Petersilie
2 große Schmorgurken
(ersatzweise Salatgurken)
600 g Rinderhackfleisch
2 Eier (Größe M)
2 EL gemahlene Mandeln
2 EL mittelscharfer Senf
½ TL edelsüßes Paprikapulver
½ TL gemahlener Kreuzkümmel
Salz | Pfeffer aus der Mühle
60 g geriebener Parmesan
einige Dillspitzen zum Garnieren

FÜR DEN JOGHURTDIP:
1 Knoblauchzehe
200 g griech. Joghurt (10 % Fett)
1 EL Olivenöl
1 TL flüssiger Honig
1 Spritzer Zitronensaft
Salz | Pfeffer aus der Mühle

Pro Portion: ca. 580 kcal, 44 g EW, 39 g F, 11 g KH, 3 g BST

1 Für die Schmorgurken den Backofen auf 180 °C vorheizen. Zwiebeln und Knoblauch schälen und in feine Würfel schneiden. Die Petersilie waschen, trocken tupfen und samt Stielen fein hacken. Die Gurken gründlich waschen, erst längs, dann nochmals quer halbieren und alle Hälften entkernen.

2 Das Hackfleisch in einer Schüssel mit Zwiebel- und Knoblauchwürfeln, Petersilie, Eiern, Mandeln, Senf, Paprikapulver und Kreuzkümmel mischen. Die Masse mit Salz und Pfeffer abschmecken. Die Innenseiten der Gurkenhälften ebenfalls salzen und pfeffern, dann mit der Hackfleischmasse füllen. Die gefüllten Gurken nebeneinander in eine flache Auflaufform setzen und im Ofen auf der mittleren Schiene etwa 15 Minuten garen. Dann mit dem Parmesan bestreuen und weitere 10 Minuten gratinieren.

3 Inzwischen für den Joghurtdip den Knoblauch schälen und fein reiben. Joghurt, Knoblauch, Öl, Honig und Zitronensaft in einer Schüssel cremig rühren. Den Dip mit Salz und Pfeffer abschmecken.

4 Zum Servieren die Dillspitzen waschen und trocken tupfen. Die Schmorgurken aus dem Ofen nehmen und auf Teller setzen. Jeweils mit 1 Klecks Joghurtdip und reichlich Dillspitzen garnieren.

Dr. Riedls Iss-besser-Tipp

Das Rezept schmeckt auch in der Veggie-Variante, wenn Sie die Gurkenhälften mit gegartem Grünkernschrot statt mit Hackfleisch füllen. Denn in Sachen Klimabilanz schneidet die Pflanzenküche einfach besser ab als der tägliche Fleischkonsum.

IDEEN MIT RESISTENTER STÄRKE

Sie wundern sich, weshalb bei den folgenden Rezepten die Kohlenhydrate über der Low-Carb-Obergrenze von 30 Prozent liegen? Das kommt einfach daher, dass sie als resistente Stärke in den Lebensmitteln vorliegen und damit nicht mitgezählt werden müssen. Das simple Prinzip: vorkochen, über Nacht abkühlen lassen, verarbeiten!

RESISTENTE STÄRKE HERSTELLEN

Lässt man gekochte Kartoffeln, Nudeln, Reis oder Hülsenfrüchte über Nacht abkühlen, verwandelt sich die enthaltene Stärke in absolut nicht mehr zu knackende Moleküle. Man isst also Kartoffeln, nimmt aber wie bei Ballaststoffen die Stärke gar nicht auf!

KARTOFFELN VORGAREN

Für 4 Personen am Vortag **800 g Kartoffeln** mit der Schale gründlich waschen, in einem Topf mit Salzwasser aufkochen und mit geschlossenem Deckel etwa 20 Minuten weich garen. Die Kartoffeln abgießen, ausdampfen und vollständig abkühlen lassen. In einer Plastikbox bei Zimmertemperatur über Nacht stehen lassen. Nicht im Kühlschrank lagern! Wer die Kartoffeln bereits vor dem Garen schält, nimmt für 4 Personen etwa 1 kg Kartoffeln.

Pro Portion: ca. 120 kcal,
3 g EW, 0 g F, 25 g KH, 3 g BST

NUDELN VORGAREN

Für 4 Personen am Vortag **400 g Nudeln** (Sorte nach Belieben) in reichlich kochendem Salzwasser nach Packungsanweisung bissfest garen. In ein Sieb abgießen, kurz abtropfen und vollständig abkühlen lassen. In einer Plastikbox über Nacht im Kühlschrank aufbewahren.

Pro Portion: ca. 380 kcal,
14 g EW, 3 g F, 70 g KH, 3 g BST

LANGKORNREIS VORGAREN

Für 4 Personen am Vortag **200 g Langkornreis** abwiegen und in einem Sieb abbrausen, um anhaftendes Reismehl abzuwaschen. Den Reis abtropfen lassen. 400 ml Salzwasser (doppelte Menge) in einem Topf aufkochen, den Reis dazugeben und alles einmal aufkochen. Dann mit geschlossenem Deckel bei schwacher Hitze etwa 20 Minuten bissfest garen, dabei nicht umrühren. Die Flüssigkeit sollte danach vollständig aufgesogen sein – sonst den Reis vom Herd nehmen und im Topf ausquellen lassen. In einer Plastikbox über Nacht (unbedingt!) in den Kühlschrank stellen (siehe Tipp Seite 136).

Pro Portion: ca. 175 kcal,
3 g EW, 0 g F, 40 g KH, 1 g BST

LINSEN VORGAREN

Für 4 Personen am Vortag **75 g Linsen** (Sorte nach Belieben) in reichlich kochendem Wasser (ohne Salz!) nach Packungsanweisung bissfest garen. Am Ende der Garzeit salzen, in ein Sieb abgießen und kalt abschrecken. Die Linsen kurz abtropfen und vollständig abkühlen lassen. In einer Plastikbox über Nacht kühl stellen.

Pro Portion: ca. 65 kcal,
5 g EW, 0 g F, 9 g KH, 4 g BST

CAJUN-REISSALAT MIT ZWIEBEL UND GURKE

Für 4 Personen

ZUTATEN:
400 g gegarter Langkornreis (vom Vortag)
2 rote Zwiebeln
1 Knoblauchzehe
1 Bund Petersilie
½ Salatgurke
1 rote Paprikaschote
1 rote Chilischote
4 – 5 EL Olivenöl
abgeriebene Schale und Saft von 2 Bio-Zitronen und 1 Bio-Orange
1 – 2 TL Ahornsirup
1 – 2 TL Cajun-Gewürzmischung
Salz

Pro Portion: ca. 280 kcal, 4 g EW, 11 g F, 37 g KH, 4 g BST

1 Am Vortag Reis wie auf Seite 135 beschrieben garen. Über Nacht kühl stellen.

2 Am nächsten Tag den gegarten Reis locker in einer großen Salatschüssel verteilen. Zwiebeln und Knoblauch schälen, die Zwiebeln längs halbieren und in Streifen schneiden, den Knoblauch fein reiben. Die Petersilie waschen, trocken tupfen und die Blätter abzupfen. Einige Blätter zum Garnieren beiseitelegen, den Rest samt Stielen nicht zu fein hacken. Die Gurke waschen, längs vierteln und nach Belieben mit oder ohne Kerne in Würfel schneiden. Paprika und Chili längs halbieren, entkernen, waschen und separat klein würfeln. Zwiebeln, gehackte Petersilie samt Stielen, Gurke und Paprika unter den Reis mischen.

3 Das Öl in einer kleinen Schüssel mit Knoblauch, Chiliwürfeln, Zitronen- und Orangenschale und -saft, Ahornsirup, Cajun-Gewürz und 1 kräftigen Prise Salz verquirlen. Den Reissalat mit dem Dressing begießen, alles gründlich durchmischen und kurz durchziehen lassen.

4 Zum Servieren den Reissalat nochmals mit Salz abschmecken, auf Teller verteilen und mit den beiseitegelegten Petersilienblättern garnieren. Der Salat schmeckt pur, passt aber auch zu Hähnchenbrust oder Garnelen – ist dann aber nicht mehr vegan.

Dr. Riedls Iss-besser-Tipp

Gekochten Reis sollten Sie nach dem Abkühlen immer im Kühlschrank aufbewahren. So kann sich der toxische Reiskeim Bacillus cereus nicht vermehren. Noch besser: vor dem Essen noch mal auf 70 °C erhitzen!

LIGURISCHER KARTOFFELSALAT

Für 4 Personen

ZUTATEN:
600 g kleine festkochende Kartoffeln (z. B. Sorte La Ratte)
Salz
3 rote Zwiebeln
1 Knoblauchzehe
2 rote Paprikaschoten
2 Bund Rucola
3 EL schwarze Oliven (ohne Stein)
2 EL Kapern (in Lake; abgetropft)
4 EL Olivenöl
1–2 Sardellenfilets (in Öl; abgetropft)
3–4 EL Apfel-Balsamessig
2 TL Ahornsirup
½ TL edelsüßes Paprikapulver
Pfeffer aus der Mühle

Pro Portion: ca. 270 kcal, 5 g EW, 13 g F, 30 g KH, 5 g BST

1 Am Vortag die Kartoffeln mit Schale gründlich waschen, in einem Topf mit kaltem Salzwasser aufkochen und mit geschlossenem Deckel etwa 20 Minuten weich garen. Abgießen, ausdampfen und abkühlen lassen, dann abgedeckt über Nacht beiseitestellen, aber nicht im Kühlschrank lagern.

2 Am nächsten Tag Zwiebeln und Knoblauch schälen. Zwiebeln längs halbieren und in Streifen schneiden, Knoblauch fein reiben. Paprikaschoten waschen, längs halbieren und entkernen, dabei den Stielansatz entfernen. Den Rucola verlesen, waschen und trocken schleudern, grobe Stiele entfernen. Den Rucola in grobe Stücke schneiden.

3 Die Paprikahälften mit der Schnittfläche nach unten auf einem mit Backpapier belegten Blech verteilen und unter dem Backofengrill etwa 8 Minuten garen, bis die Haut schwarz wird und Blasen wirft. Das Blech aus dem Ofen nehmen und die Paprika mit einem feuchten Küchentuch abdecken. Sobald sie leicht abgekühlt sind, die Haut abziehen und die Paprika in etwa 5 cm große Stücke schneiden. Die Kartoffeln in etwa 1 cm dicke Scheiben schneiden und mit Paprika, Oliven und Kapern mischen.

4 In einer Pfanne 2 EL Öl erhitzen und die Zwiebeln darin bei mittlerer Hitze 2 bis 3 Minuten andünsten. In der letzten Minute Knoblauch und Sardellen dazugeben. Alles mit 1 EL Essig ablöschen, gut durchschwenken und den Würz-Mix sofort zu Kartoffeln und Paprika in die Schüssel geben.

5 Das restliche Öl, übrigen Essig und den Ahornsirup mit Paprikapulver sowie je 1 Prise Salz und Pfeffer verquirlen und unter den Salat mischen. Zum Servieren den Rucola unterheben und den Salat auf tiefe Teller oder Bowls verteilen.

Dr. Riedls Iss-besser-Tipp

Nachdem die Kartoffeln gegart und abgekühlt in den Salat wandern, dürfen Sie hier herzhaft zulangen! Denn die enthaltene Stärke kann vom Darm so gut wie nicht aufgeschlossen werden, zählt also nicht bei den Kohlenhydraten mit. Dafür glänzt die Kartoffel mit ihren Gesundheits-Benefits wie Vitamin-C-Reichtum und sekundären Pflanzenstoffen.

KARTOFFELTALER IN EIHÜLLE MIT SPECKSTIPPE

Für 4 Personen

FÜR DIE KARTOFFELTALER:
1 kg mehligkochende Kartoffeln
Salz
3 EL Olivenöl
Pfeffer aus der Mühle
4 Eier
2–3 EL geriebener Parmesan
75 g gemahlene blanchierte Mandeln

FÜR DIE SPECKSTIPPE:
2 Zwiebeln
½ Bund Petersilie
1 EL Olivenöl
50 g geräucherter Speck
(in kleinen Würfeln)
Salz | Pfeffer aus der Mühle
1 EL Butter

**Pro Portion: ca. 560 kcal,
18 g EW, 37 g F, 35 g KH, 5 g BST**

1 Am Vortag die Kartoffeln mit Schale gründlich waschen, in einem Topf mit kaltem Salzwasser aufkochen und mit geschlossenem Deckel etwa 20 Minuten weich garen. Die Kartoffeln abgießen, ausdampfen lassen, noch heiß pellen und durch die Presse drücken. 2 EL Öl in einer beschichteten Pfanne erhitzen und den Kartoffelschnee darin bei mittlerer Hitze kurz unter Wenden anbraten. Die Masse herausnehmen, mit Salz und Pfeffer würzen und mit den Händen zu etwa 12 Talern formen. Die Taler abgedeckt über Nacht bei Zimmertemperatur beiseitestellen.

2 Am nächsten Tag für die Speckstippe die Zwiebeln schälen und fein würfeln. Petersilie waschen, trocken tupfen, die Blätter abzupfen und fein hacken. Das Öl in einer Pfanne erhitzen und den Speck darin bei mittlerer Hitze kurz anbraten. Die Zwiebeln dazugeben und mitbraten, bis sie zu bräunen beginnen. Nach Belieben mit Salz und Pfeffer würzen. Die Pfanne vom Herd nehmen.

3 Für die Kartoffeltaler die Eier in einem tiefen Teller mit dem Parmesan sowie je 1 kräftigen Prise Salz und Pfeffer verquirlen. Die gemahlenen Mandeln in einen tiefen Teller geben. Die Kartoffeltaler erst in den gemahlenen Mandeln wenden, dann durch die verquirlten Eier ziehen. Das übrige Öl in einer beschichteten Pfanne erhitzen und die Kartoffeltaler darin auf jeder Seite 2 bis 3 Minuten braten. Gegen Ende der Bratzeit der Taler die Speckstippe nochmals kurz erhitzen, dabei die Butter hinzufügen und die Petersilie unterheben.

4 Zum Servieren die Kartoffeltaler mit der Speckstippe auf Tellern anrichten. Dazu passt ein Kopf- oder Romanasalat mit Zitronendressing. Wer es reichhaltiger liebt, ergänzt die Kartoffeltaler mit Räucherlachs oder einem schönen Matjesfilet.

Dr. Riedls Iss-besser-Tipp

Resistente Stärke aus gegarten und abgekühlten Kartoffeln dient den Milchsäurebakterien im Darm als gutes Futter (siehe Seite 24). Im Dickdarm wird diese Art der Stärke außerdem weiter zu der kurzkettigen Fettsäure Butyrat abgebaut, die vor stillen Entzündungen schützt und unsere Darmflora insgesamt stärkt.

GEBRATENE REISWÜRFEL MIT PAK CHOI

Für 4 Personen

FÜR DIE REISWÜRFEL:
250 g Sushireis
Salz
2–3 EL Reisessig
1–2 TL flüssiger Honig
100 g gemahlene Mandeln
3–4 EL neutrales Öl (z. B. Erdnussöl)

FÜR DEN PAK CHOI:
1 Knoblauchzehe
1 haselnussgroßes Stück Ingwer
½ rote Chilischote
4 Baby-Pak-Choi
2 EL neutrales Öl (z. B. Erdnussöl)
2 EL Teriyaki-Sauce
Saft von ½ Limette
1–2 TL flüssiger Honig
einige Tropfen geröstetes Sesamöl
Salz
2 EL geröstete helle Sesamsamen
(siehe Tipp Seite 81)
reichlich Korianderblätter
zum Garnieren

Pro Portion: ca. 605 kcal, 15 g EW, 32 g F, 60 g KH, 9 g BST

1 Am Vortag für die Reiswürfel eine rechteckige Form mit Frischhaltefolie auskleiden. Den Reis in einer Schüssel mit kaltem Wasser bedecken und mit den Händen 1 bis 2 Minuten waschen. Das Wasser abgießen und den Vorgang wiederholen, bis das Wasser klar bleibt. Den Reis in einem Sieb abtropfen lassen und mit 400 ml Wasser und 1 TL Salz in einem Topf aufkochen. Mit einem Küchentuch zudecken, den Topfdeckel daraufsetzen und den Reis bei schwacher Hitze etwa 20 Minuten quellen lassen.

2 Essig und Honig so lange verquirlen, bis sich der Honig aufgelöst hat. Die Marinade mit einem Holzlöffel unter den heißen Reis rühren. Den Reis etwa 4 cm hoch in die vorbereitete Form füllen und zu einer glatten Schicht gut festdrücken (die Masse sollte jetzt noch 3 cm hoch sein). Die Form mit Frischhaltefolie abdecken und den Reis über Nacht in den Kühlschrank stellen. Am nächsten Tag den verdichteten Reis mithilfe der Folie aus der Form heben und in etwa 3 cm große Würfel schneiden. Die Würfel in den gemahlenen Mandeln wenden.

3 Für den Pak Choi Knoblauch und Ingwer schälen und fein reiben. Chili längs halbieren, entkernen, waschen und fein hacken. Pak Choi putzen, waschen, jeweils längs halbieren und in einer Pfanne im neutralen Öl kurz anbraten. Knoblauch, Ingwer und Chili kurz mitbraten. Mit Teriyaki, Limettensaft und Honig ablöschen. Mit geröstetem Sesamöl aromatisieren und mit Salz abschmecken.

4 Währenddessen für die Reiswürfel das neutrale Öl in einer beschichteten Pfanne erhitzen und die Reiswürfel darin bei mittlerer Hitze langsam rundum goldbraun braten. Die Reiswürfel mit dem Pak Choi auf Tellern anrichten, mit dem Pfannensud beträufeln und mit Sesam und Koriander garnieren.

Dr. Riedls Iss-besser-Tipp

Ingwer ist auch eine der Pflanzen, die Sie am besten immer bevorraten sollten. Die asiatische Wurzel enthält nämlich reichlich Gingerol, ein ätherisches Öl, das antientzündlich, schmerzlindernd und antischwellend wirken und somit die Symptome bei rheumatisch Erkrankten mildern kann. Der Blutdruck wird gesenkt – und damit das Risiko für Herzkrankheiten.

DINKELNUDELSALAT MIT GARNELEN

Für 4 Personen

ZUTATEN:
300 g gegarte Dinkelnudeln
(vom Vortag; z. B. Fusilli oder Penne)
12 Garnelen (Größe 8/12;
ohne Kopf, mit Schale, entdarmt)
2 rote Zwiebeln
1 Knoblauchzehe
1 rote Chilischote
je ½ Bund Petersilie und Liebstöckel
(ersatzweise 1 Bund Petersilie)
200 g Cocktailtomaten
50 g schwarze Oliven (ohne Stein)
3 EL Kapern (in Lake; abgetropft)
100 ml neutrales Öl (z. B. Rapsöl)
6 EL Olivenöl
4 EL Apfel-Balsamessig
100 ml passierte Tomaten (aus dem Glas)
Salz | Pfeffer aus der Mühle

**Pro Portion: ca. 500 kcal,
30 g EW, 26 g F, 34 g KH, 6 g BST**

1 Am Vortag Nudeln wie auf Seite 134 beschrieben vorgaren. Anschließend abkühlen lassen und über Nacht kühl stellen.

2 Am nächsten Tag die gegarten Dinkelnudeln in einer großen Salatschüssel locker verteilen. Die Garnelen waschen und trocken tupfen. Zwiebeln und Knoblauch schälen. Die Zwiebeln längs halbieren und in Streifen schneiden, den Knoblauch fein würfeln. Die Chili längs halbieren, entkernen, waschen und fein hacken. Petersilie und Liebstöckel waschen, trocken tupfen, die Blätter abzupfen und grob hacken. Die Tomaten waschen und je nach Größe halbieren oder vierteln. Die Oliven halbieren.

3 Die Kapern mit Küchenpapier leicht ausdrücken. Das neutrale Öl in einem kleinen Topf erhitzen und die Kapern darin portionsweise frittieren. Herausnehmen und auf Küchenpapier abtropfen lassen.

4 In einer Pfanne 2 EL Olivenöl erhitzen und Zwiebeln und Knoblauch darin bei mittlerer Hitze andünsten. Mit dem Essig ablöschen. Die passierten Tomaten dazugießen und den Sugo mit Chili und Salz abschmecken. Vom Herd nehmen und abkühlen lassen, dann Cocktailtomaten, Oliven und 2 EL Olivenöl dazugeben.

5 Die restlichen 2 EL Olivenöl in einer weiteren Pfanne erhitzen und die Garnelen darin auf jeder Seite etwa 2 Minuten anbraten. Mit Salz und Pfeffer würzen.

6 Zum Servieren die Nudeln mit, Sugo und Kräutern mischen. Den Salat nochmals mit Salz und Pfeffer abschmecken und auf halbtiefen Tellern anrichten. Mit den Garnelen toppen und mit den frittierten Kapern garnieren.

Dr. Riedls Iss-besser-Tipp

Die Deutschen lieben Pasta! Damit sie nicht zur Kalorienfalle wird, empfehle ich die Vollkorn-Variante sowie Pasta aus Hülsenfrüchten – mit komplexen Kohlenhydraten, Pflanzenprotein und reichlich Mineralstoffen. Oder die Nudeln kochen, abkühlen lassen und erst dann essen. So wird die Stärke in ihre resistente Variante umgebaut und bremst den Blutzucker.

LINSENSALAT MIT CALAMARETTI

Für 4 Personen

FÜR DEN SALAT:
300 g gegarte Belugalinsen (vom Vortag)
2 rote Zwiebeln
1 Knoblauchzehe
1 rote Chilischote
1 rote Paprikaschote
4 Strauchtomaten
2–3 Thymianzweige
2 EL passierte Tomaten (aus dem Glas)
2 EL Apfel-Balsamessig
4 EL Olivenöl
2 TL geräuchertes Paprikapulver
Salz | Pfeffer aus der Mühle
einige Basilikumblätter zum Garnieren

FÜR DIE CALAMARETTI:
300 g Calamaretti (küchenfertig)
Salz
2 EL Olivenöl
1 Knoblauchzehe
Pfeffer aus der Mühle

Pro Portion: ca. 355 kcal, 23 g EW, 17 g F, 24 g KH, 9 g BST

1 Am Vortag Linsen wie auf Seite 135 beschrieben vorgaren, über Nacht kühl stellen.

2 Am nächsten Tag für den Salat Zwiebeln und Knoblauch schälen, Zwiebeln in Streifen schneiden, Knoblauch fein würfeln. Chili und Paprika längs halbieren, entkernen, waschen, die Paprika in Streifen, die Chili in kleine Würfel schneiden. Tomaten waschen und in Streifen schneiden, dabei die Kerne herauslösen und beiseitestellen, die Stielansätze entfernen. Thymian waschen, trocken tupfen, Blätter abzupfen und fein hacken.

3 Zwiebeln, Knoblauch, Paprika, Tomaten und Thymian mit den gegarten Linsen in einer Salatschüssel mischen. Die beiseitegelegten Tomatenkerne mit Chiliwürfeln, passierten Tomaten, Essig, Öl, Paprikapulver und sowie je 1 Prise Salz und Pfeffer verquirlen. Das Dressing über die Salatzutaten geben und gründlich untermischen.

4 Die Calamaretti waschen und trocken tupfen, salzen und in einer Pfanne im Öl mit dem angedrückten Knoblauch auf jeder Seite etwa 30 Sekunden anbraten, mit Salz und Pfeffer abschmecken. Zum Servieren das Basilikum waschen und trocken tupfen. Den Linsensalat auf Tellern anrichten, die Calamaretti darüber verteilen und alles mit Basilikum garnieren.

Dr. Riedls Iss-besser-Tipp

Hülsenfrüchte sind absolutes Superfood: Sie enthalten hochwertiges Pflanzenprotein und halten damit Blutzucker und Blutdruck in Schach. Mein Tipp: Pasta aus Linsen und Co. liefert dazu noch Ballaststoffe, Eisen und Zink – gut für das Immunsystem.

SÜSSE KLEINIGKEITEN

Low Carb heißt nicht Fasten, und darum dürfen auch ein paar süße Rezepte nicht fehlen – natürlich mit gesunder Süße! Statt Zucker kommen süße Früchte oder Ahornsirup ins Desserts, statt Mehl gemahlene Mandeln in den Teig. Der Joker bei fast allen Nachtischen: Toppen Sie das Dessert mit Nüssen, sie liefern Eiweiß und gesunde Fette!

QUARKOMELETT MIT BEEREN UND BASILIKUM

Für 4 Personen

FÜR DIE BEEREN:
500 g gemischte Beeren (z. B. Erdbeeren, Blaubeeren, Himbeeren, Johannisbeeren)
½ Bund Basilikum
1 TL Ahornsirup
1–2 TL Mandelöl (ersatzweise Olivenöl)

....

FÜR DAS OMELETT:
6 Eier
400 g Magerquark
Mark von 1 Vanilleschote
abgeriebene Schale von 1 Bio-Zitrone
2–3 TL Ahornsirup
150 g gemahlene Mandeln
1 EL Butter

Pro Portion: ca. 525 kcal, 33 g EW, 32 g F, 20 g KH, 9 g BST

1 Die Beeren verlesen, waschen und trocken tupfen. Die Erdbeeren putzen, die Johannisbeeren von den Rispen zupfen. Das Basilikum waschen, trocken tupfen und die Blätter abzupfen, einige Blätter zum Garnieren beiseitelegen und den Rest grob hacken.

2 Für das Omelett den Backofen auf 180 °C (Oberhitze!) vorheizen. Die Eier in eine Rührschüssel aufschlagen und verquirlen. Quark, Vanillemark, Zitronenschale und Ahornsirup in einer zweiten Schüssel mit den Quirlen des Handrührgeräts mischen. Erst die Eier, dann die gemahlenen Mandeln unterheben.

3 Die Butter in einer ofenfesten Pfanne erhitzen, die Omelettmasse hineingießen und kurz braten, bis sie auf der Unterseite leicht bräunt. Dann das Omelett im Ofen auf der mittleren Schiene etwa 5 Minuten backen.

4 Zum Servieren die Beeren mit Ahornsirup und Mandelöl in einer Schüssel mischen und das gehackte Basilikum unterheben. Das Omelett aus dem Ofen nehmen und sofort auf einen großen Servierteller gleiten lassen. Den Beeren-Mix daraufhäufen und mit dem beiseitegelegten Basilikum garnieren.

Dr. Riedls Iss-besser-Tipp

Beeren zählen zu den relativ fruchtzuckerarmen Obstsorten, bei denen Sie gern zugreifen dürfen. Die kleinen Bunten enthalten reichlich Farbstoffe, die als sekundäre Pflanzenstoffe (z. B. Anthocyane, Ellagsäure) Krebszellen ausbremsen. Blaubeeren trumpfen dazu mit Resveratrol auf, das ebenfalls Krebszellen bremst.

VEGANE SCHOKO-MOUSSE MIT CASHEW UND MANGO

Für 4 Personen

ZUTATEN:
200 g Zartbitterschokolade (mind. 70 % Kakaoanteil)
400 g Seidentofu
1 ½ EL Ahornsirup
Mark von 1 Vanilleschote
150 g aufschlagbare Sojasahne
½ Päckchen veganes Sahnesteif
2 EL Cashewkerne
Meersalzflocken
½ reife feste Mango
3 Passionsfrüchte
½ TL brauner Zucker
einige Basilikumblätter zum Garnieren

Pro Portion: ca. 525 kcal, 16 g EW, 37 g F, 27 g KH, 8 g BST

1 Die Schokolade grob hacken und in einer Metallschüssel über dem heißen Wasserbad unter Rühren schmelzen. Dann Seidentofu, ½ EL Ahornsirup und Vanillemark in einer Rührschüssel mit den Quirlen des Handrührgeräts oder einem Schneebesen von Hand glatt rühren. In einer zweiten Schüssel die Sojasahne mit dem Sahnesteif nach Packungsanweisung schaumig schlagen.

2 Erst die flüssige Schokolade löffelweise unter den Seidentofu rühren, dann die Sahne mit einem Teigschaber vorsichtig unter die Masse heben. Die Mousse auf Dessertgläser verteilen und im Kühlschrank mindestens 1 Stunde fest werden lassen.

3 Währenddessen die Cashewkerne in einer Pfanne mit übrigem Ahornsirup und 1 Prise Meersalzflocken erhitzen und bei mittlerer Hitze so lange schwenken, bis die Flüssigkeit eingekocht ist. Herausnehmen und auf Backpapier abkühlen lassen.

4 Die Mango schälen, das Fruchtfleisch erst vom Stein und dann in kleine Würfel schneiden. Die Passionsfrüchte halbieren, das Fruchtfleisch herauskratzen und in einem kleinen Topf mit dem braunen Zucker kurz aufkochen, bis sich der Zucker aufgelöst hat. Die Passionsfrüchte im Topf mit dem Stabmixer kurz pürieren und durch ein feines Sieb streichen. Mit der Mango mischen.

5 Zum Servieren die Basilikumblätter waschen und trocken tupfen. Die marinierten Mangowürfel auf der Mousse verteilen, mit Cashewkernen und Basilikum garnieren.

Dr. Riedls Iss-besser-Tipp

Dunkle Schokolade ist ein guter Trost für alle Naschkatzen, die sich bei der Umstellung auf Low Carb schwertun. Hiervon können Sie im Notfall nämlich auch gern 1 oder 2 Stückchen auf der Zunge zergehen lassen. Mein Trick: Die Schokolade immer im Tiefkühlfach aufbewahren. Dann dauert es länger, bis sie auf der Zunge zergeht, und man genießt länger.

LOW-CARB-DESSERTS

Genießen erwünscht! Bei diesen süßen Rezepten dürfen Sie schlemmen. Denn die Wahl von fruchtzuckerarmen Früchten in Kombination mit einem Milchprodukt und knackigen Nüssen schmeckt nicht nur köstlich, sondern ist auch garantiert Low Carb!

VANILLEQUARK MIT ÄPFELN UND NUSSBRÖSELN

Für 4 Personen den Backofen auf 160 °C vorheizen. Je **1 Bio-Zitrone und -Orange** heiß waschen, abtrocknen und die Schale fein abreiben. Zitrusfrüchte halbieren und auspressen. **600 g Magerquark** mit dem **Mark von 1 Vanilleschote** und **etwas Ahornsirup** mischen, jeweils etwas Schale und Saft von Zitrone und Orange unterrühren. **120 g Haselnusskerne** hacken, mit **40 g Dinkelmehl (Type 605), 60 g kalter Butter (in Würfeln), 1 EL Ahornsirup** und **1 Prise Zimtpulver** zu Bröseln geformt in einer Auflaufform verteilen. Im Ofen auf der mittleren Schiene 10 bis 15 Minuten knusprig backen. Herausnehmen und auf einem Kuchengitter abkühlen lassen. **4 säuerliche Äpfel (z. B. Boskop)** waschen, vierteln, entkernen und samt Schale in Spalten schneiden. In einer Pfanne in **1 EL Butter** rundum anbraten. **2 Sternanis, etwas Ahornzucker, 1 TL Zimtpulver** sowie die ausgekratzte Vanilleschote dazugeben und die Äpfel etwas karamellisieren. **200 ml Apfelsaft** dazugießen und die Äpfel noch kurz garen, dabei den Sud einkochen lassen, mit Zitronensaft abschmecken. Zum Servieren den Quark mit den Äpfeln auf Tellern anrichten und mit den Nussbröseln bestreuen. Nach Belieben mit Bio-Orangenzesten garnieren.

Pro Portion: ca. 590 kcal,
27 g EW, 32 g F, 44 g KH, 5 g BST

OBSTSALAT MIT NUSSCRUNCH

Für 4 Personen den Backofen auf 160 °C vorheizen. Je **20 g Haselnuss-, Walnuss- und Cashewkerne** grob hacken, auf einem Backblech verteilen und mit **1 Prise Salz** bestreuen. Im Ofen auf der mittleren Schiene etwa 7 Minuten rösten, herausnehmen und abkühlen lassen. **300 g gemischte Beeren** verlesen, waschen und trocken tupfen. **1 Apfel (z. B. Holsteiner Cox)** waschen, vierteln, entkernen und klein würfeln. **1 Orange** schälen, filetieren und klein schneiden, den austretenden Saft auffangen. Von **1 Chicorée** die äußeren Blätter entfernen, Chicorée waschen und in Streifen schneiden. Beeren, Apfel, Orange, Chicorée, Orangensaft, **Saft von 1 Zitrone, 1 TL Vanillemark** und **3 EL Nussöl (z. B. Mandelöl)** mischen. Den Obstsalat in Dessertgläsern anrichten, mit Nusscrunch bestreuen (falls nötig, kleiner bröseln!) und mit einigen **Minzeblättern** garnieren.

Pro Portion: ca. 210 kcal,
4 g EW, 15 g F, 13 g KH, 5 g BST

JOGHURT MIT ERDBEEREN UND MANDELN

Für 4 Personen den Backofen auf 180 °C vorheizen. Ein Backblech mit Backpapier belegen. **100 g blanchierte Mandeln** in einer Schüssel mit **2 TL Ahornsirup** mischen, auf dem Blech verteilen und im Ofen auf der mittleren Schiene etwa 7 Minuten rösten. Herausnehmen und abkühlen lassen. **400 g griech. Joghurt (10 % Fett)** mit **abgeriebener Schale von ½ Bio-Orange, 1 TL Vanillemark** und **50 ml Orangensaft** verrühren. Mit **1 TL Ahornsirup** und **1 Prise Salz** abschmecken. **500 g Erdbeeren** putzen und waschen. **½ Bund Zitronenmelisse** waschen, trocken tupfen, Blätter abzupfen und fein hacken. Ein Viertel der Erdbeeren fein pürieren. Die übrigen vierteln, mit Erdbeerpüree und Melisse mischen. Zum Servieren jeweils einen Joghurtspiegel auf tiefen Tellern verstreichen, mit dem Erdbeer-Mix und Mandeln toppen.

Pro Portion: ca. 345 kcal,
10 g EW, 24 g F, 18 g KH, 10 g BST

FRISCHKÄSETALER MIT WASSERMELONE

Für 4 Personen

ZUTATEN:
¼ Wassermelone
1 Bund Basilikum
1 Bio-Zitrone
4 EL Olivenöl
1 TL Ahornsirup
Salz | Pfeffer aus der Mühle
4 Frischkäse Brillat-Savarin natur (à ca. 100 g; ersatzweise ein anderer Weichkäse, siehe Tipp)

Pro Portion: ca. 405 kcal, 21 g EW, 32 g F, 7 g KH, 1 g BST

1 Die Melone erst mit der Schale in etwa 3 cm dicke Scheiben schneiden. Dann die Scheiben schälen und das Fruchtfleisch in Würfel schneiden. Das Basilikum waschen, trocken tupfen, die Blätter abzupfen und je nach Größe in grobe Stücke zupfen. Die Zitrone heiß waschen, abtrocknen und mit dem Zestenreißer feine Schalenstreifen abziehen. Zitrone halbieren und auspressen.

2 Zitronensaft, Öl und Ahornsirup in einer Schüssel mit je 1 kleinen Prise Salz und Pfeffer verquirlen. Die Melonenstücke locker unterheben und darin marinieren.

3 Zum Servieren jeweils 1 Brillat-Savarin-Käse auf einem Teller anrichten, die marinierte Wassermelone danebensetzen und nochmals mit Pfeffer bestreuen. Mit Basilikumblättern und Zitronenzesten garnieren.

Tariks Küchentipp

Brillat-Savarin ist ein zylindrisch geformter französischer Weichkäse aus Kuhmilch, der in den Departments Aube und Côte-d'Or hergestellt wird. Sein milder sahniger Geschmack ist leicht salzig, mit feiner Süße und Säure, seine Konsistenz cremig – das macht ihn für ein sommerliches Käsedessert zum perfekten Protagonisten. Sein Name ist eine Hommage an den Schriftsteller Jean-Anthelme Brillat-Savarin, einen der bedeutendsten französischen Gastrosophen des späten 18. und frühen 19. Jahrhunderts.

MÖHREN-APFEL-MUFFINS

Für 1 12er-Muffinblech

ZUTATEN:
12 Muffin-Papierbackförmchen
150 g Möhren
1 säuerlicher Apfel
50 g Haferflocken
je 1 Bio-Orange und Zitrone
140 g (teil-)entöltes Mandelmehl
35 g Kartoffelstärke
100 g Butter
100 ml Ahornsirup
3 Eier (Größe M)
150 g Schmand
etwas fein gehackte Nusskerne zum Bestreuen (z. B. Hasel- oder Walnusskerne oder Mandeln)

Pro Stück: ca. 225 kcal, 9 g EW, 14 g F, 14 g KH, 3 g BST

1 Den Backofen auf 180 °C vorheizen. Die Papierbackförmchen in den Mulden des Muffinblechs verteilen.

2 Die Möhren putzen, schälen und auf der Gemüsereibe fein raspeln. Den Apfel vierteln, schälen und entkernen. Die Viertel ebenfalls raspeln. Die Haferflocken in der Küchenmaschine zu grobem Mehl zermahlen. Die Zitrusfrüchte heiß waschen, abtrocknen und die Schale fein abreiben. Dann die Zitrusfrüchte halbieren und auspressen.

3 Haferflockenmehl, Mandelmehl und Kartoffelstärke in einer Rührschüssel mischen. Die Butter in einer Pfanne zerlassen und mit dem Ahornsirup verrühren. Die Eier in einer Schüssel leicht aufschlagen. Dann Möhren, Apfel, Butter-Mix und Eier zur Mehlmischung geben und alles mit den Quirlen des Handrührgeräts mischen. Den Teig mit Schale und Saft der Zitrusfrüchte würzen.

4 Den Teig in die Mulden des Blechs verteilen und die Muffins im Ofen auf der mittleren Schiene 25 bis 30 Minuten backen. Herausnehmen und kurz auf einem Kuchengitter abkühlen lassen, dann die Muffins aus den Mulden lösen und noch warm mit Schmand und fein gehackten Nüssen servieren. Wer mag, verfeinert den Schmand mit Ahornsirup, etwas Zitronen- und Orangensaft und -schale.

Dr. Riedls Iss-besser-Tipp

Haferflocken sollten in keiner Küche fehlen. Sie liefern nicht nur reichlich Magnesium, sondern wertvolle Ballaststoffe. Dabei stechen die Faserstoffe der Betaglucane heraus, die ungesundes LDL-Cholesterin binden.

SAISONKALENDER

	JAN	FEB	MÄR	APR	MAI	JUN	JUL	AUG	SEP	OKT	NOV	DEZ
Aubergine						●	●	●	●	●		
Blumenkohl						●	●	●	●	●		
Bohne, grüne							●	●	●	●		
Brokkoli						●	●	●	●	●		
Chicoreé	●	●	●	●	○	○	○	○	○	●	●	●
Champignons	●	●	●	●	●	●	●	●	●	●	●	●
Erbse						●	●	●				
Feldsalat	●	●	●							●	●	●
Fenchel					●	●	●	●	●	●	●	
Frühlingszwiebel					●	●	●	●	●	●		
Grünkohl	●										●	●
Hokkaido									●	●	●	●
Kartoffel	○	○	○	○	○	●	●	●	●	●	○	○
Knollensellerie	●	●	●	○	○	○	○	○	●	●	●	●
Kohlrabi				●	●	●	●	●	●			
Kopfsalat						●	●	●	●			
Mairübe					●	●	●					
Mangold					●	●	●	●	●	●		
Meerrettich	●	●									●	●
Möhre	○	○	○	○	○	●	●	●	●	●	○	○
Paprikaschote							●	●	●	●		
Pastinake	○	○	○	○				●	●	●	○	○
Petersilienwurzel	●	●								●	●	●
Porree/Lauch	○	○	○	○	○	○	○	●	●	●	●	●

Freilandware ■ Lagerware □

	JAN	FEB	MÄR	APR	MAI	JUN	JUL	AUG	SEP	OKT	NOV	DEZ
Portulak					■	■	■	■	■	■		
Radicchio						■	■	■	■	■		
Radieschen				■	■	■	■					
Rettich	□	□	□	□	□	■	■	■	■	□	□	□
Romanesco					■	■	■	■	■	■		
Romana-/Römersalat						■	■	■	■	■	■	
Rosenkohl	■	□	□						■	■	■	■
Rote Bete	■	■	■	□	□	□	□	□	■	■	■	■
Rotkohl	■	■	■	□	□	□	□	□	■	■	■	■
Rucola					■	■	■	■	■	■		
Salatgurke					■	■	■	■				
Schalotte						■	■	■	■			
Spargel			■	■	■	■						
Spinat				■	■	■	■	■	■	■		
Spitzkohl	□	□			■	■	■	■	■	■	□	□
Staudensellerie							■	■	■	■		
Steckrübe	□	□	□						■	■	■	■
Steinpilz								■	■	■		
Süßkartoffel	■	■	■	■	■	■	■	■	■	■	■	■
Tomate							■	■	■			
Weißkohl	■	■	■	□	□	□	□	□	■	■	■	■
Wirsing	■	■	■	□	□	□	■	■	■	■	■	■
Zucchini						■	■	■	■			
Zucker-/Kaiserschote					■	■						
Zwiebel	■	■	■	■	■	□	□	■	■	■	■	■

REZEPTREGISTER

HINWEIS

Die Ratschläge in diesem Buch wurden mit größter Sorgfalt von Autoren und Verlag erarbeitet und geprüft. Eine Garantie kann jedoch nicht übernommen werden. Ebenso ist eine Haftung der Autoren bzw. des Verlags und seiner Beauftragten für Personen-, Sach- oder Vermögensschäden ausgeschlossen. Erkrankungen mit ernstem Hintergrund gehören in ärztliche Behandlung! Bei bereits bestehenden Beschwerden kann das Buch daher keinen fachärztlichen Rat ersetzen.

ZU DEN AUTOREN

Dr. Matthias Riedl ist Gründer und Direktor des medicum Hamburg, Europas größtem Zentrum für Ernährungsmedizin und Diabetologie, sowie Lehrbeauftragter an einer Hamburger Universität. Zudem publiziert er das Magazin „Iss dich gesund“ und hat mit „myFoodDoctor“ eine zukunftsweisende Ernährungstherapie-App entwickelt. Der Spitzenkoch **Tarik Rose** ist Inhaber und kulinarischer Freigeist des Restaurants „Engel“ in Hamburg. Er kocht u. a. regelmäßig im „ARD-Buffet“ und ist als Juror bei der „Küchenschlacht“ im ZDF zu sehen.
Gemeinsam begeistern unsere Autoren ein großes Publikum mit ihrer Sendung „Iss besser! Mit dem Ernährungsdoc“, in der sie zeigen, dass gesunde Ernährung richtig gut schmeckt und Spaß macht.

Weitere Bücher der Autoren:

- Dr. M. Riedl / T. Rose: Iss besser!
- Dr. M. Riedl: Mein Weg zur gesunden Ernährung
- T. Rose: Tarik kocht dich fit
- Dr. M. Riedl et al.: alle Titel der Ernährungs-Docs

IMPRESSUM

Hinter jedem tollen Buch steckt ein starkes Team

Projektleitung: *Nadine Widl*
Texte: *Bettina Snowdon*
Rezepte: *Ulrike Kraus*
Lektorat: *Kathrin Gritschneder*
Covergestaltung: *ZERO Werbeagentur, München*
Grafische Gestaltung: *ZERO Werbeagentur, München*
Satz: *Georg Feigl; ZERO Werbeagentur, München*
Fotografie: *Claudia Timmann*
Foodstyling: *Pedro Torres*
Weitere Bilder: *Shutterstock S. 20, 21, 22, 23; StockFood S. 9*
Herstellung: *Frank Jansen*
Producing: *Jan Russok*
Druck & Bindung: *optimal media GmbH, Röbel*

1. Auflage 2022
© 2022 Edel Verlagsgruppe GmbH
Kaiserstraße 14 b
D-80801 München
ISBN: 978-3-96584-273-1

FOOD FOTOS

Im Buch enthaltene Fotos können zur eigenen Nutzung erworben werden unter *www.stockfood.de*

LIEBE LESER, LIEBE LESERINNEN

wie schön, dass Sie ein Buch von ZS in den Händen halten. „jetzt leben!" ist das Motto unseres Verlages. Es steht für Genuss und Inspiration, Unterstützung und Motivation. Ob Kulinarik oder Fitness, Gesundheit oder Lebenshilfe – seit über 30 Jahren bieten wir kompetente Ratgeber für (fast) alle Lebenslagen. Wir lieben Tradition genauso wie Innovation – sie treiben uns an. Unsere Autorinnen und Autoren sind Menschen, die zu ihrem Thema wirklich etwas zu sagen und zu schreiben haben. Unsere Produkte sind erzählerisch, appetitmachend und als gedruckte Bücher haptisch echte Erlebnisse. Für Sie mit ganz viel Liebe gemacht! Entdecken Sie mehr aus unserer wunderbaren Welt!

UNSER VERLAGSHAUS

Mit Standorten in München, Hamburg und Berlin zählt die Edel Verlagsgruppe zu den größten unabhängigen Buchanbietern Deutschlands. Zur Edel Verlagsgruppe gehört unter anderem ZS mit seinen Lizenzmarken Dr. Oetker Verlag, Kochen & Genießen und Phaidon by ZS.

ZS – Ein Verlag der Edel Verlagsgruppe
www.zsverlag.de
www.facebook.com/zsverlag
www.instagram.com/zsverlag

FÜR DIE UMWELT

ZS unterstützt bei der Produktion dieses Buches das Projekt „Junge Riesen für die nächsten 100 Jahre" im Naturpark Nossentiner/Schwinzer Heide. Damit wird ein Anteil der unvermeidbaren CO_2-Emissionen im direkten Umfeld des Produktionsstandortes kompensiert.

PARTNER Naturpark Nossentiner / Schwinzer Heide
www.optimal-media.com/naturschutzprojekt-001